商品信息采编

主　编　马春艳　于肖一
副主编　李　敏　王启田
参　编　毕晓培　董鲁燕　于　潇　许艳辉

北京理工大学出版社
BEIJING INSTITUTE OF TECHNOLOGY PRESS

内容简介

本教材内容由浅入深、实例丰富,先对商品信息采编的基础知识进行讲解,再精选服饰配件类、数码电器类、珠宝首饰类、美妆护肤类、家居用品类 5 大热门品类的商品,以"职业人"视角用项目工作实战的方式讲解商品信息采编的流程与各采编环节的具体操作。教材向读者全面展示了商品信息采编所需的知识和技能,能有效地引导读者掌握并提高商品信息采编的水平。本教材可作为职业院校商品信息采编等相关课程的教材,也可供有志于或正从事商品信息采编相关岗位的工作人员,以及网店店主学习和参考。

版权专有　侵权必究

图书在版编目(CIP)数据

商品信息采编 / 马春艳,于肖一主编. -- 北京:北京理工大学出版社,2024.1
ISBN 978-7-5763-3386-2

Ⅰ. ①商… Ⅱ. ①马… ②于… Ⅲ. ①电子商务–商品信息–信息处理 Ⅳ. ①F713.365

中国国家版本馆 CIP 数据核字(2024)第 031882 号

责任编辑:王梦春	文案编辑:邓　洁
责任校对:刘亚男	责任印制:施胜娟

出版发行 / 北京理工大学出版社有限责任公司
社　　址 / 北京市丰台区四合庄路 6 号
邮　　编 / 100070
电　　话 /(010)68914026(教材售后服务热线)
　　　　　(010)68944437(课件资源服务热线)
网　　址 / http://www.bitpress.com.cn

版 印 次 / 2024 年 1 月第 1 版第 1 次印刷
印　　刷 / 河北盛世彩捷印刷有限公司
开　　本 / 787 mm×1092 mm　1/16
印　　张 / 16.25
字　　数 / 372 千字
定　　价 / 98.00 元

图书出现印装质量问题,请拨打售后服务热线,负责调换

前　言

党的二十大报告指出："要着力提升产业链供应链韧性和安全水平，着力推进城乡融合和区域协调发展，推动经济实现质的有效提升和量的合理增长。"《"十四五"电子商务发展规划》指出："电子商务是数字经济和实体经济的重要组成部分，是催生数字产业化、拉动产业数字化、推进治理数字化的重要引擎，是提升人民生活品质的重要方式，是推动国民经济和社会发展的重要力量。"这些重要论断均为电商行业的发展描绘出了宏伟的蓝图，也坚定了电商企业深耕发展的信心。

电子商务行业不断通过销售和采购的数字化形成实体经济全链条数字化转型的强大驱动力。在数字化转型的背景下，商品信息采编工作通过技术、模式、协同、绿色等多领域的创新实践，向着移动平台、设计扁平化、虚拟互动的方向深入发展，并为消费者传达准确、清晰、详细且具有吸引力的商品信息，从而不断诠释电商产业高质量发展内涵。

一、教材编写的特色创新

本教材基于数字经济发展背景，紧密结合商品信息采编岗位要求，以日照市市级电商网红直播基地的乡村振兴项目和校内成立的上海宝尊产业学院建设为依托，将新技术、新规范、新标准融入文中，集知识学习、技能塑造与素养提升三位于一体，产教深度融合，全力打造"校企双主体协同育人"生态圈。

1. 立德树人+技能提升

本教材将党的二十大报告精神、电商从业领域最新法律法规及法制观念、数字经济背景下企业守正创新、采编岗位精益求精的职业素养、数字技术的创新应用等贯穿教材内容；将1+X界面设计职业技能等级证书的考核要求融入教材，实现"岗课赛证"融通育人。教材内容突出了职业本科类型教育的"职业性"与"高等性"，紧扣商品信息采编领域高层次技术技能对人才培养的素质能力要求。实现以产定教，以岗立学，德技并修育人。

2. 传统文化+数字新技术

本教材从"提要钩玄"开篇思维导图的设计，到"博物洽闻""发蒙解惑""固本培元""笃行致远"等模块设计，再到汉服文化、陶瓷文化的融入，无不体现了传统文化的博大精深。在将传统文化植入教材的同时，坚持与时俱进，将"数字人""人工智能""虚拟仿真"等技术在电商行业的应用以案例的形式生动呈现，开阔了学生视野，体现了职业本科教育的知识的"高阶性"和"层次性"。

3. 乡村振兴+就业创业

本教材结合区域经济发展实际，将日照绿茶、日照黑陶、山东曹县汉服生产基地真实创业项目融入教材内容，助力乡村振兴。同时，本教材还以某职业院校电商专业李明同学的第一视角切入，将毕业生求职面试、岗前培训学习、参与拍摄岗、美工岗和设计岗等岗位的工作实践巧妙设计呈现在教材中。以学生工作的第一视角组织教材内容，教材变为学材，更贴近学生认知，引发学生学习共鸣。

二、教材内容简介

本教材内容由浅入深、实例丰富，先对商品信息采编的基础知识进行讲解，再精选服饰配件类、数码电器类、珠宝首饰类、美妆护肤类、家居用品类5大热门品类的商品，以"职业人"视角用项目工作实战的方式讲解商品信息采编的流程与各采编环节的具体操作。教材向读者全面展示了商品信息采编所需的知识和技能，能有效地引导读者掌握并提高商品信息采编的水平。本教材可作为职业院校商品信息采编等相关课程的教材，也可供有志于或正从事商品信息采编相关岗位的工作人员，以及网店店主学习和参考。

三、教材编写团队及分工

本教材编写团队经验丰富，第一主编为山东省高校数字贸易新技术研发中心-企业数字化管理方向负责人，是山东省电子商务教学创新团队核心成员、省级职业教育在线开放课程负责人，市级爱岗敬业教师，团队成员在 MUSE DESIGN AWARDS（缪斯国际设计奖）中获金奖，在山东省职业技能比赛中获一等奖多项，参编职业教育"十四五"国家规划教材等多部。

本教材由山东外国语职业技术大学马春艳、于肖一任主编，由山东外国语职业技术大学李敏、王启田任副主编。另外，毕晓培、董鲁燕、于潇、许艳辉也参与了教材编写。具体的编写分工为：马春艳拟定全书课程大纲，负责项目1、全书课程案例及数字化教学资源建设，对全书内容进行校对、审核、修改及定稿；于肖一负责项目3、项目4及项目6内容的编写；李敏负责全书"岗课赛证"融通及技术指导工作，确保教材内容与企业岗位标准对接；王启田负责项目2、项目9内容的编写；董鲁燕负责项目5内容的编写；毕晓培负责项目7内容的编写；于潇负责项目8内容的编写；许艳辉负责课程资料的收集及整理工作。

本教材获得中教畅享（北京）科技有限公司、菏泽八荒信息科技有限公司的大力支持，两家公司对教材章节中的相应内容提供资料并参与技术指导，使内容更契合企业实际。

由于编者水平有限，书中难免存在不足之处，敬请读者批评指正。本教材配套有完整的教学课件、教学设计、技能操作视频、习题库等内容，教学资源索取或意见建议，可直接发至邮箱 1063582030@qq.com。

编 者

2023年10月

目 录

项目1　商品信息采编初认知 ……………………………………………………………（1）

　　任务1　商品信息采编概述 ……………………………………………………………（3）
　　任务2　商品信息采编岗位工作职责及工作流程 ……………………………………（8）
　　任务3　商品信息采编的未来发展趋势 ………………………………………………（10）

项目2　商品拍摄的前期准备工作 ……………………………………………………（17）

　　任务1　器材准备 ………………………………………………………………………（19）
　　任务2　商品拍摄基本技巧 ……………………………………………………………（26）

项目3　商品图片的基本处理 …………………………………………………………（41）

　　任务1　商品图片的裁剪与尺寸大小修改 ……………………………………………（43）
　　任务2　商品图片的调色 ………………………………………………………………（46）
　　任务3　商品图片的多余部分处理 ……………………………………………………（50）
　　任务4　商品图片的抠图与背景更换 …………………………………………………（53）

项目4　商品详情页的设计基础 ………………………………………………………（60）

　　任务1　商品详情页的文案排版方式 …………………………………………………（63）
　　任务2　商品详情页的色彩搭配 ………………………………………………………（68）
　　任务3　商品详情页的构图方式 ………………………………………………………（72）

项目5　服饰配件类商品采编与优化 …………………………………………………（78）

　　任务1　汉服拍摄 ………………………………………………………………………（80）
　　任务2　汉服商品图片与短视频优化 …………………………………………………（89）
　　任务3　汉服商品详情页设计 …………………………………………………………（107）

项目6　数码电器类商品采编与优化 （119）

任务1　电动剃须刀拍摄 （121）
任务2　电动剃须刀商品图片与短视频优化 （129）

项目7　珠宝首饰类商品信息采编与优化 （145）

任务1　项链拍摄 （147）
任务2　项链商品的图片处理 （152）
任务3　项链商品主图、海报制作 （157）
任务4　项链商品详情页设计 （163）

项目8　美妆洗护类商品信息采编与优化 （174）

任务1　美妆洗护商品的拍摄 （176）
任务2　美妆洗护商品图片与短视频优化 （183）
任务3　美妆洗护商品的详情页制作 （197）

项目9　小家居用品商品信息采编与优化 （225）

任务1　陶器水杯拍摄 （227）
任务2　水杯商品图片与短视频优化 （232）
任务3　杯具商品详情页设计 （247）

项目 1　商品信息采编初认知

【知识目标】
1. 掌握商品分类体系、分类的意义和分类管理方法。
2. 掌握商品属性的作用、分类及继承。
3. 了解商品信息采编的岗位职责及工作流程。
4. 了解商品信息采编工作的未来发展趋势。

【能力目标】
1. 能够正确进行商品分类。
2. 能够完善商品信息采编岗位职位说明书。
3. 能够清晰地描述岗位工作流程。

【素养目标】
1. 养成终身学习的习惯，不断学习并更新岗位知识储备。
2. 培养知识管理能力，不断总结并创新工作流程。

提要钩玄

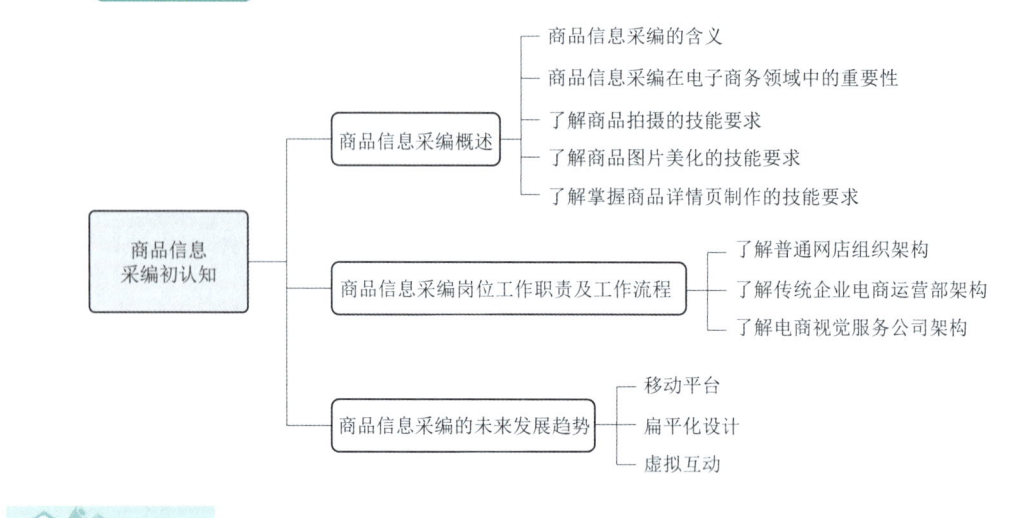

商品信息采编初认知
- 商品信息采编概述
  - 商品信息采编的含义
  - 商品信息采编在电子商务领域中的重要性
  - 了解商品拍摄的技能要求
  - 了解商品图片美化的技能要求
  - 了解掌握商品详情页制作的技能要求
- 商品信息采编岗位工作职责及工作流程
  - 了解普通网店组织架构
  - 了解传统企业电商运营部架构
  - 了解电商视觉服务公司架构
- 商品信息采编的未来发展趋势
  - 移动平台
  - 扁平化设计
  - 虚拟互动

导入案例

近100万"00后"在淘宝创业，踊跃参加"双十一"

淘宝天猫数据显示，在天猫"双十一"开启之前，平台已有近100万"00后"商家，他们当中的大部分人是第一次参与天猫"双十一"。

这些"00后"创业者，既有退伍入淘的兵哥哥、毕业入淘的大学生，也有从父辈手上接手网店和工厂的"淘二代""厂三代"，还有非遗和老字号传承人。此外，还有拉着姐姐合伙开淘宝店的在校大学生、在职业学校就通过开淘宝店赚学分的电商科班生、留学归国的情侣。

其中，今年大学毕业入淘创业的"00后"，积极备货参与天猫"双十一"，在创业首战中快速验证市场行情、经营思路和商业模式。在天猫"双十一"前夕，淘宝天猫启动了大学生创业就业扶持计划，并发布了支持年轻人创新创业的20条举措。针对在校大学生创业者，淘宝设立"天猫'双十一'大学生实战专场"。阿里巴巴集团国内数字商业板块总裁戴珊表示，希望能有更多的"00后"商家被发现、被看见、被扶持，在淘宝天猫创业、成长、收获。

"00后"是淘生淘长的一代。他们是淘宝同龄人、电商原住民：从小知道淘宝，长大用淘宝，创业入淘宝。

记者采访发现，"00后"商家有一些共同特征：把兴趣变成生意，想买什么就卖什么，爱一行就干一行；挖掘小众需求，做"小而美"和轻定制生意；热衷于挖掘宝藏工厂，上1688找源头工厂拿货，由工厂代发货；上新品频率高、速度快；自有品牌和知识产权意识非常强。

目前淘宝天猫平台年交易额前200名的"00后"商家，一半是做服装生意，其他集中在家装家居、消费电子、运动户外和潮玩等领域。

抽样调查显示，很多"00后"的新店铺第二个月就实现盈利，月销1万~5万元不等，老店铺月销5万~10万元居多，也有月销破千万元和年交易额超1.5亿元的店铺。大部分受访的"00后"应届大学毕业生表示，开淘宝店比上班自由、比打工赚钱。

在淘宝和天猫，"90后"和"00后"商家数合计400万。2020年和2021年，年轻创业者们在淘宝和天猫新增了超过2100个新叶子类目，其中包括100条年交易额破亿元的新赛道。

（资料来源：近100万"00后"在淘宝创业，踊跃参加"双十一"［EB/OL］. 人民网，2022-10-27.）

任务1　商品信息采编概述

一、任务目标

李明是某职业院校电子商务专业毕业生。临近毕业，他想立足专业优势，在电商行业寻求一份涉及商品信息采编方面的工作岗位。在求职前，李明需要明确求职的企业及详细了解商品信息采编工作的岗位职责、工作技能要求等内容。

要想全面了解商品信息采编的相关知识，就需要先对商品信息采编的含义、岗位的职责与技能要求、工作流程、未来发展趋势等进行全面的认识。本任务介绍商品信息采编的基础内容。通过学习本任务，李明可了解商品信息采编的含义、在电子商务领域中的重要性，及其未来的发展趋势，还能明确商品信息采编各岗位的职责与技能要求，为即将到来的求职面试做好准备。

二、任务分析

1. 商品信息采编的含义

电子商务是一门综合性学科，涵盖市场营销、现代物流、平面设计、工商管理、计算机等范畴；同时，它又是一门实践性很强的学科，从业人员除了具备应用型岗位技能外，还需要有较强的复合型创新创业能力。电子商务产业不再是商品、技术、物流、销售等传统业务简单叠加下的卖货式产业，而是建立在信息化、数字化基础上的跨部门兼容并生的复合型产业。商品信息采编指将商品信息以数字化方式进行描述，以便商品的具体信息能在电子商务运作过程中准确、清晰、详细地传递。

商品信息采编指商品信息的采集与编辑。在电子商务领域中，商品信息采编的工作主要包括商品拍摄、商品图片处理、商品详情页的设计等，可以为消费者传达准确、清晰、详细的商品信息。

2. 商品信息采编在电子商务领域中的重要性

营销学理论认为，视觉营销利用色彩、图像、文字等造成的冲击力吸引潜在客户的关注，由此增加商品和店铺的吸引力，从而达到营销制胜的效果。

在网络平台上，消费者只能看到商品图片和商品文案介绍，既看不见商品本身，也看不见商家。细节缺失、昏暗模糊的商品图片，杂乱的、含糊不清的文案描述会瞬间降低消费者对商品的好感，因此，迫切需要商品信息采编人员来进行优化。在淘宝平台上开店的商家都知道宝贝图片的重要性，因此其信息采集、拍摄和制作尤为重要，只有通过信息采集、色彩构图、拍摄、文案和布局等手段对商品进行全方位描述和加工，才能打造出吸引客户关注度和激发客户购买欲的商品图片。商品信息采编在电子商务领域发挥着重要作用。

（1）传递商品信息、减少咨询：商品信息采编人员可以将商品信息清晰完整地展现在商品详情页中。好的商品详情页能够准确地把握消费者心理，将消费者想要知道的信息准确无误地传递给消费者，使消费者不用咨询客服，仅通过浏览详情页就能决定是否购买，大幅降低了电商运营的客服成本。

（2）增加客服效率，降低运营成本：好的商品详情页能够突出商品的细节差异，而动态的视频将帮助用户更清晰快速地了解到商品的功能、细节，判断其与自身需求的匹配度。

（3）提升商品品牌形象：在商品信息的采编过程中，专业化的商品拍摄，以及精美、富有设计感的商品详情页设计能放大商品的优势，清晰展示商品的卖点，并与其他家的商品形成对比，让消费者产生良好的购物体验，从而提升消费者的好感，有助于塑造积极正面的品牌形象。

（4）提高商品转化率：提高商品转化率是商品信息采编的最终目的。在网络平台，商品如何拍摄，商品图片如何呈现，详情页如何处理，都需要围绕商品转化率进行。图1-1和图1-2所示是同一套衣服的两种不同拍摄效果，其中，图1-2中模特实际拍摄的图片可以带给消费者更加直观的感受，从而提升了消费者的购买欲望。平面的图片不能给人以直观的感受，消费者更倾向于直观的商品图片，也就更容易做出购买决定。

图1-1　商品平面图片展示　　　　　图1-2　商品模特实拍展示

博物洽闻

那些电商领域消费数据背后的秘密

从网站设计方面而言，相关研究表明，93%的消费者认为，网站的视觉感受是一项关键因素，会让他们决定是否在网站上进行消费。52%的购物者会放弃访问网站，而且再也不会回来，仅仅因为不喜欢网站的整体外观。96%的消费者认为视频对做出线上购买决策非常有帮助。在电商网站着陆页，将图片替换成视频之后，用户转化率可以提升12.62%。73%的消费者如果在购买某个产品或服务之前就看过相关视频，那么他们做出购买行为的可能性更大。58%的消费者认为，制作产品/服务视频的公司更值得信赖。76%的人表示，网站最重要的特质就是易于使用。提升网站可用性，比如，升级网站导航和信息流，可以带来83%的投资回报。在支付页面删除强制注册要求之后，消费者的购物可以提升45%。73%的移动互联网用户一旦发现网站速度过慢，就不会访问。

亚马逊管理人员发现，其网站页面加载时间每增加100毫秒，销售量就会下降1%。近65%的全球互联网消费者表示，如果网站的登录时间超过3秒，他们便会离开。另外，网站加载时间每增加1秒，客户满意度便会下跌7%。

（资料来源：电商领域决定消费者行为的20个因素［EB/OL］.电子商务研究中心，2016-10-27. 有删减。）

三、任务实施

1. 了解商品拍摄的技能要求

（1）掌握单反相机的使用方法：商品图片及视频的拍摄需要一台相机，而在相机的选择上，一般采用单反相机。单反相机有较多的功能和参数设置，可以拍摄各种不同和复杂的场景。在单反相机的使用上，我们需要熟练掌握光圈和快门的使用。若要拍摄一张好的照片，进光量的控制显得尤为重要，光圈越大，进光量越多；同理，快门时间越长，代表采光时间越长。

（2）掌握不同类型商品的拍摄方法与技巧：不同类型的商品有不同的拍摄手法和技巧，我们在实际的操作过程中应具体问题具体对待，只有这样才能拍摄出满意的照片。金银饰品、瓷器、漆器、电镀制品等商品表面结构光滑如镜，具有强烈的单向反射能力，直射灯光聚射到这些商品表面时，会产生强烈的光线改变。

首先，要采用柔和的散射光线照明。光线在拍摄中起到至关重要的作用。好的光线可以帮助产品提升质感，更好地展现产品的形态。室外拍摄主要以使用自然光为主，室内时拍摄需要通过专业的摄影灯来打造理想的效果。除了光源，光位也是拍摄中重要的一个因素，主要有顺光、侧光、逆光。

①顺光：光源与相机方向一致。室外使用顺光容易造成照片曝光过度。而在室内使用顺光，会使被拍摄物体显得更加柔和。

②侧光：光线从侧方位照射过来。侧光是万能光位。被拍摄物体在侧光下亮暗面分布较均匀，可以更好地勾勒被拍摄物体的轮廓。

③逆光：光源来自被拍摄物体后方。逆光会给照片一种模糊、朦胧的氛围。在拍摄玻璃产品、偏油腻的食物时都可以采用逆光，可以很好地展现被拍摄物体的质感。

其次，要注意拍摄时的布景。布景的一个重要思路就是根据商品属性和本身颜色来搭配背景，但需遵循一个原则：突出主体、层次分明、色彩和谐。

①商品属性：搭建和被拍摄物体有关联的场景。

②颜色搭配：选择邻近色、对比色、互补色进行搭配，如图1-3所示。

再次，要注意拍摄角度。提前观察产品的好看面，在拍摄产品时常用的拍摄角度有：垂直于物体30°、60°、90°，平拍，俯拍。

①平拍：相机和被摄物体处于同一水平线。这种角度比较有空间感，可以充分展现丰富的画面，形成交错的空间，常用于拍摄饮料、化妆品等，如图1-4所示。

图1-3　日照绿茶拍摄布景 　　　　　图1-4　山东莱阳梨平拍

②斜拍：这是最常用的一种拍摄角度，拍摄出来的效果比较立体，能够很好地突出被摄物体的细节，常用于拍摄食品，如图1-5所示。

③俯拍：能很好地展现画面整体效果，适合比较有规律感的画面，如图1-6所示。

图1-5　山东日照五莲山大樱桃斜拍 　　　　　图1-6　日照特色海鲜产品淡干虾皮俯拍

最后，要注意拍摄构图。构图是照片画面上的布局、结构。好的构图可以使被拍摄物体更富有表现力。常用的构图方法有三分之一构图法、居中构图法、留白构图法、对角线构图法、重复构图法、三角形构图法等。

①三分之一构图法：把被拍摄物体放置在九宫格四个交叉点上。

②留白构图法：除被拍摄物体外，其余位置留白。

③重复构图法：把多个被拍摄物体铺在一个平面上，利用俯拍等角度进行拍摄，让商品充满画面。

另外，还可以采取间接照明的方法，即让灯光作用在反光板或其他具有反光能力的商品上，反射出来的光照明商品，能够得到柔和的照明效果。

2. 了解商品图片美化的技能要求

（1）掌握常用的工具：Photoshop软件（即"PS"，是由Adobe Systems开发的图像处理软件，是最常用的制图、设计软件）对图片进行调整。因此，在商品图片的美化过程中，要求学生掌握Photoshop常用工具的使用方法，如裁剪工具、魔棒工具、色板工具、蒙版工具等，对图片进行简单的调整、修饰。

（2）掌握图文混排方式：图文排版是将图片和文字通过艺术的形式整合到一起，用以达到美化视觉的效果。好的图文排版可以让消费者产生不错的视觉享受，有利于增加对商品的好感。图文排版可以分为嵌入式、四周型环绕、紧密型环绕、上下型环绕、穿越行环绕、浮于文字上方、衬于文字下方等几种形式。

（3）掌握基础配色法则：配色在图片的美化中有重要作用，好的配色可以让受众产生身心愉悦的效果；反之，则会让受众产生不适。配色就是将颜色摆在适当的位置，做一个最好的安排，达到一种和谐的融为一体的大效果；同时，配色可以改变空间的舒适程度和环境气氛来满足人们在视觉和心理方面的需求。在图片的美化过程中，我们要根据商品的特点、属性，以及店铺的风格使用合适的配色，以达到让人满意的效果。例如，红色和灰色的搭配，其由于红色纯度较高，但明度不高，给人一种厚重、浓烈的感觉，也有血液一般的强烈的视觉冲击力，和灰色的搭配使它显得华丽，整体上的明度差异不是很大，而这种搭配在现代设计中十分常见。

发凡举例

用色彩打开消费心理密码

色彩与消费心理学

颜色对消费者的购买决定起着重要作用，根据调研公司KISSMetrics提供的数据显示：93%的消费者在做购买决定时会考虑到颜色和外观；85%的消费者表示，颜色是他们购买产品的主要决策因素；66%的消费者表示，我是不会买某种产品的，除非这个产品的颜色恰好是我喜欢的颜色；如果颜色搭配得体，品牌知名度会提升80%，言外之意就是色彩能提高80%的品牌辨识度，比如，杂志上的彩色广告要比黑白的文字多26%的关注度。

综上所述，超过90%的消费者的购买决策是受视觉化因素影响的，即消费者在浏览详情页90秒后下意识做出购买决定的时候，90%是因为对产品的颜色产生了偏好。

3. 了解商品详情页制作的技能要求

（1）掌握工具的组合使用：待商品图片美化完成后，需要将美化的图片整合起来形成商品详情页，这就要求我们熟练掌握Photoshop高阶工具（及其互相组合）的使用技巧，如表1-1所示。

表 1-1　商品详情页制作技能要求

图片美化（工具/用法）	页面制作（工具/用法）
1. 用魔棒工具在强对比的图片中抠图 2. 用多边形工具制作圆形背景效果图片	1. 使用图层样式美化图层 2. 用油漆桶工具填充颜色 3. 使用文字工具编辑文字
1. 用钢笔工具抠素材图 2. 用描边工具制作图片描边 3. 用图像变形工具对图片水平调整组合排列	1. 用圆角矩形工具制作背景图层 2. 用钢笔工具制作虚线框 3. 用椭圆工具排列圆形组合
1. 使用钢笔工具进行人像抠图 2. 用图层蒙版制作衬底图片	1. 用钢笔工具进行抠图 2. 使用描边工具制作边角效果 3. 环形组合搭配 4. 用矩形工具和钢笔工具制作引导线
1. 用钢笔工是，填色工具制作表格 2. 用矢量蒙版工具制作图片包边	使用参考线精确排版
1. 用剪贴蒙版工具对图片整合排版 2. 用矩形工具设计图框	1. 用椭圆工具和蒙版工具制作半弧 2. 用蒙版工具使图片融合

（2）掌握详情页的构图布局：在商品详情页的设计过程中，应掌握页面排版的构图布局，让整个页面看起来井然有序，使消费者在页面浏览的过程中得到舒适的体验。

任务2　商品信息采编岗位工作职责及工作流程

一、任务目标

李明尚未明确求职企业的规模和性质，对商品信息采编相关岗位的工作职责及工作流程也不熟悉。因为企业和店铺规模不同，涉及的工作岗位和流程也有所区别。李明在本任务中的学习目标是在求职前需要了解不同规模的企业和店铺采编岗位工作职责，熟悉其基本工作流程。正确认识商品信息采编岗位工作职责，这有助于确定未来就业方向，从而顺利实现就业。

二、任务分析

不同规模的企业和店铺和分工不同、职责不同，但工作重点都是图片处理、美化、视频拍摄及制作、详情页设计等内容。学习本任务的内容时，学生可以重点把握岗位技能重点和主要工作流程。

三、任务实施

1. 了解普通网店组织架构

普通网店对商品信息采编人员的要求比较全面，商品信息采编人员不仅需要掌握商品摄影、图片处理，还需要掌握页面设计与网店装修等。普通网店由于规模、资金有限，通常由一人（店主或美工）完成商品拍摄、图片美化、详情页制作及上传等工序，如图1-7所示。

拍摄 ＋ 美化 ＋ 设计 → 美工

图1-7　普通网店组织架构

2. 了解传统企业电商运营部架构

企业在网上开设店铺后，会设置电商运营部门来管理网店。电商运营部门下设多种类型的小组，其中美工组就属于商品信息采编中的一个岗位类别。美工组通常由一名主管和多名设计师组成。主管负责日常的商品信息采编活动，对商品信息采编进行统筹管理；设计师负责商品素材的搜集和拍摄，商品图片的处理，以及网店首页、商品详情页、活动页等的相关设计工作，如图1-8所示。

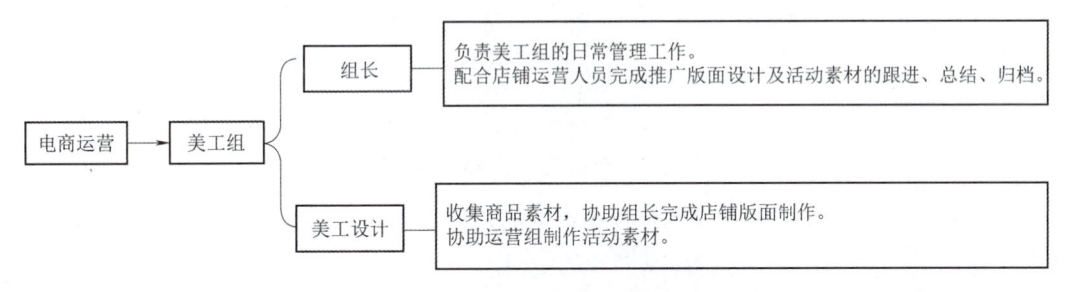

电商运营 → 美工组
- 组长：负责美工组的日常管理工作。配合店铺运营人员完成推广版面设计及活动素材的跟进、总结、归档。
- 美工设计：收集商品素材，协助组长完成店铺版面制作。协助运营组制作活动素材。

图1-8　传统企业电商运营部结构

职场透视

杭州某电商企业电商美工类招聘信息

电商企业岗位说明书

电商美工组长岗位职责：
（1）天猫店铺首页及活动宣传海报设计，店铺整体形象的设计与迭代。
（2）品牌Logo、产品图片、详情页设计、套版，需要随时进行设计调整。
（3）能深挖卖点制作主图、直通车图、钻展图等推广图。
（4）工作积极主动，有责任心，善于沟通和学习。

任职要求：
（1）两年淘宝天猫美工或视觉平面设计经验，具备独立的设计及创意构思的能力。
（2）精通图片的精修与合成方法，懂得C4D电商手绘海报及插画设计者优先。
（3）熟练使用PS、Pr、Ai等常用的设计制作软件。
（4）了解当季的流行趋势及色彩搭配，有较好的审美能力和较强的视觉效果表现能力。
（5）有装饰画，家居家具类相关设计经验优先录取。

岗位所需技能：

精通 PS、Pr、C4D 的使用，熟悉卡通风格、简约风格的平面设计。

3. 了解电商视觉服务公司架构

当品牌的网店效益越来越好的时候，就需要其他的专业公司来协助，即电子商务视觉服务类公司。电商品牌会将商品摄影、图像处理、店铺设计与后期包装等业务外包给这类公司来完成。针对商品采编的三个流程设有专门的工作岗位，其主要组织架构和岗位设置如图 1-9 所示。

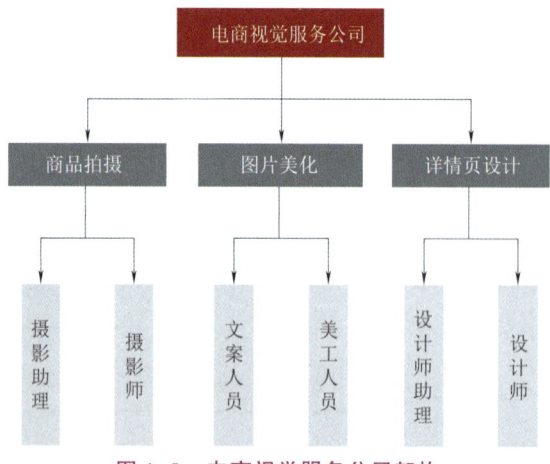

图 1-9　电商视觉服务公司架构

（1）商品拍摄：摄影师和摄影助理根据商品拍摄要求，布置场景与灯光，调试相机参数，选择拍摄角度与距离，进行商品图片的拍摄。

（2）图片美化：文案人员和美工人员共同完成，文案人员负责相关的商品文案，美工人员负责商品图片的处理。

（3）详情页设计：设计师及其助理使用排版与美化等方法处理商品图片和文案，并进行商品页面的设计。

任务 3　商品信息采编的未来发展趋势

一、任务目标

随着科技和时代的进步，数字技术不断走进工作和生活。商品信息采编工作迎来技术和工具的不断革新。李明的意向求职岗位是企业商品信息采编人员，需要提前深入学习了解摄影、文案、图片美化、设计等方面技能知识；需要不断展望未来，了解科技带来的行业企业岗位内容的新变化，只有这样，才能在求职面试中游刃有余。

二、任务分析

该任务需要李明以开放、创新的思维融入学习，借助互联网工具，获取最新行业资讯，为深入了解企业商品信息采编工作奠定坚实的基础。

三、任务实施

1. 移动平台

2013年阿里"双十一"全天的支付宝交易额为350亿元。当天手机淘宝活跃用户数量高达1.27亿，成交订单数量为3 590万个，占总体交易数量的21%，手机支付宝的交易额达到了53.5亿元，约占总交易额的14%左右。从这些数据中我们可以看出，使用手机购买商品的消费者将会越来越多。手机等移动终端具有其他电子设备所不具有的优势，它让我们实现了随时随地购物的愿望。未来移动电商将成为电子商务领域中的一个新的增长点，代表了未来电商发展的趋势。

克谱锐：2022直播电商发展研究报告

随着终端显示尺寸多样化和消费者浏览习惯改变，设计师需要在移动终端上对图片尺寸和页面布局进行相应的改变。这些改变的跟进可以让消费者在移动平台上获得更好的购物体验，使消费者享受到移动平台带来的购物乐趣和便捷感。

2023年4月，移动营销数据分析套件Adjust发布了《2023年移动应用趋势报告》。数据表明，移动电商蓬勃发展，收入水涨船高。移动电商应用的会话量和会话时长在2022年均实现了增长。截至2023年1月，会话量在之前的基础上提升了7%。2022年，电商应用内收入年同比增长4%。根据Adjust的追踪数据可知，2022年11月是电商应用表现最佳的月份，如图1-10所示。

图1-10 2021年1月至2023年1月全球移动电商应用会话增长

博物洽闻

QuestMobile2022"双十一"洞察报告

QuestMobile数据显示，2022年"双十一"依旧延续两波爆发节奏，第一波发生在10月底至11月初，行业DAU约为8亿元，比2021年提高了约1亿元；第二波发生在"双十一"当天，行业DAU突破9亿元，比去年同样增加了1亿元左右。

在大促期间，用户跨平台比价选购，第一波尾款日下单时，淘宝、拼多多、京东三者重合用户达3 621万，同比增长6.1%。同时，拼多多和淘宝的重合用户数达到1.26亿，拼多多与京东重合用户规模也突破5 574万，平台间用户争夺愈演愈烈。

此外，直播电商也在快速争抢用户。"双十一"第一波销售期内，新增去重用户中，拼多多、快手、抖音、淘宝、京东分别为5 150万、2 948万、2 258万、1 563万、1 543万；从新增用户画像上看，淘宝主要以"60后""70后"为主，拼多多以"70后""80后"为主，而京东则以"90后"最为突出。

这也让平台巨头的玩法发生变化，总体上，在造势、引流、促转化等阶段，综合电商平台侧重全域营销吸引用户，直播平台侧重域内内容分发，双方均升级营销工具强化"精准投放"概念。平台的牵引，对品牌主也带了刺激效果，"双十一"期间，美妆护理、家用电器、IT电子、服饰箱包、食品饮品位居投放榜前列，尤其是美妆护理，以公域转私域为目的，借势吸引用户；同时，即时通信、在线视频、搜索下载、短视频、微博社交位居投放TOP 5，分别吸金3.3亿元、2.0亿元、0.7亿元、0.7亿元、0.6亿元。

客观来看，直播间的吸引效果仍在提升，整个"双十一"期间，抖音、快手去重活跃用户数在500万以上的KOL直播间保持在3 300左右，"双十一"当天达到3 477个，而在各品类的销售额占比上，面部护肤品均高居榜首。

（资料来源：QuestMobile：《2022"双十一"洞察报告》[EB/OL]. 网经社，2022-11-17，有删减）

2. 扁平化设计

扁平化的设计概念，主要通过丰富的色彩和有趣的图形来传达信息，带给人耳目一新的感觉，用户在这样的界面上操作，也会感受到舒服和自然。扁平化的设计理念即放弃一切装饰效果，如阴影、透视、纹理、渐变等，所有元素的边界都干净利落，没有任何羽化、渐变或者阴影效果。它意味着工作步骤的减少，不再需要前期的采集，只需要通过色块的拼接就可以完成设计工作。不难发现，一些电商平台及商家在店铺装修中引入扁平化设计，未来也将会有更多扁平化的设计呈现在消费者眼前。

扁平化背后根本的驱动力量在于信息的透明化、信息几何倍数地增加及消费者注意力的高度涣散，在这样的品牌传播环境下，当下的平面设计需要不顾一切地扑向年轻消费者，实现全领域、全方位的年轻化，在新的审美趋势及传播环境中为传播效率服务。

发蒙解惑

商品信息采编的色彩如何扁平化设计

1. 强调配色好感度

使用户产生好感和共鸣的配色，更能引发用户自发地去了解设计所要传达的意向。如在表现食品类应用时，好的配色可以激发人的食欲，促成接下来的购买行为，高明度、高纯度的色彩使用是比较常见的方法。设计若有取得用户接受和信任的需要，表达安心和信赖的色调一般会选择为暖色，且用色不宜过多，如可以运用纯度较低，明度适中的色调传递安心、温馨、稳定感。另外，高明度加少量灰色的设计能给人柔和安适的感觉。

2. 利用色彩引导视觉

通过色彩导引阅读和使用，通过对色彩位置的管理，方向和形式的把握和安排，可以达到让色彩自然地引导视觉流程的作用。例如，大面积运用浅灰暗红等色的引导页中，一抹蓝色能很容易的抓住用户的目光。一般来说，高明度色彩比低明度色彩容易识别，强化对比可以强调主题。

3. 利用色彩引导消费

优秀的色彩使用可以在应用被操作时，给用户留下鲜明的色彩印象，提高用户转化率。App 设计师要保证商品的色彩与功能的一致，不一致的色调与商品容易导致消费者的混乱感。例如，女性用户通常喜欢温暖明快的色系，而男性用户喜欢暗冷色系。

（资料来源：扁平化设计风格的特点，界面设计如何做到扁平化？[EB/OL]. 设计堂，2023 年 4 月，有删减）

3. 虚拟互动

网上购物尤其是购买衣物类商品，总会因为缺少试穿等体验环节影响购物决策，为了让消费者得到更好的购物体验，越来越多的电商们都开始注重虚拟互动技术开发，这也预示着网购已经开始朝着虚拟穿戴方向发展，未来用户足不出户，即可买到适合自己身材的衣服、鞋、帽。比如，阿里巴巴于 2016 年 4 月推出全新购物方式"Buy+"，使用 Virtual Reality（虚拟现实，VR）技术，利用计算机图形系统和辅助传感器，生成可交互的三维购物环境。"Buy+"的购物方式分为两种，分别是 VR 模式和全景模式。VR 模式：查看商品→立即购买→确认下单→确认支付→支付成功；全景模式：查看商品→加入购物车→结算。再比如，虚拟试衣间、试衣精灵等虚拟软件，都是 AR 技术融入移动购物的典型案例。

行业洞察

"虚拟数字人"展露现实价值（网上中国）

虚拟主播每天可录制 500 万字的有声书、手语数字人为听障人士解说冬奥赛事……随着信息技术的快速发展，一批虚拟数字人走红网络。中国传媒大学媒体融合与传播国家重点实验室媒体大数据中心日前发布的《中国虚拟数字人影响力指数报告》显示，近年来，人们对虚拟内容需求增加、消费级 VR 硬件快速发展，虚拟数字人的发展进入快车道。

目前，大众对虚拟数字人的认知度如何？中国传媒大学等发布调查显示，对不同类型的虚拟数字人，大众对其外形、人设、技术能力、服务能力有明显的期待差异：60%以上的用户最关注虚拟偶像的外形和作品；66%的用户关注虚拟主播的主持风格；但 50%的用户认为，虚拟员工最重要的是技术服务，以及跨界合作能力。"简单来说，虚拟数字人就是融合了计算机视觉、语音识别等技术生成的形象。"腾讯智能产品副总裁李学朝接受本报记者采访时说。由此可知，虚拟数字人可借助语音与表情更好地沟通表达，从而带来全新的人机交互体验。

《新一代人工智能发展规划》等多项政策，也加速了虚拟数字人底层技术的发展。《广播电视和网络视听"十四五"科技发展规划》中明确提出，要推动虚拟主播、动画手语广泛应用于新闻播报、天气预报、综艺科教等节目生产，创新节目形态，提高制播效率和智能化水平。

业内人士表示，按功能划分，当下的虚拟数字人可细分为服务型与身份型两种。前者可在特定场景提供服务，替代诸多服务行业的社会角色，如企业员工、主持人、管家等；后者更倾向于在文娱领域应用，如虚拟偶像、虚拟主播等。

虚拟数字人的走红折射出虚拟世界与现实世界走向融合的大趋势，但要真正实现规模化落地，还有不小的差距。例如，虚拟主播可随时、随地、定制化播报新闻，展现了人工智能与媒体行业的深度融合，但在同质化竞争、自主技术能力上还面临着挑战。

（资料来源：“虚拟数字人”展露现实价值（网上中国）[EB/OL]．人民网，2022-02-23，有删减）

固本培元

一、单选题

1. 商品信息采编的最终目的是（　　）。
   A. 美化图片　　　　　　　　　B. 合理布局商品网站
   C. 提升品牌知名度　　　　　　D. 提高转化率

2. 商品拍摄的光位不包括（　　）。
   A. 逆光　　　　B. 侧光　　　　C. 顺光　　　　D. 斜拍

3. 扁平化设计意味着（　　）。
   A. 工作步骤增加　　　　　　　B. 对构图、设计的要求更加复杂
   C. 为了更好地迎合年老顾客的需求　　D. 工作步骤减少

4. 把多个被拍摄物体铺在一个平面上，利用俯拍等角度进行拍摄，让产品充满画面，这属于（　　）。
   A. 三分之一构图法　　　　　　B. 留白构图法
   C. 重复构图法　　　　　　　　D. 以上内容都不对

5. 下列关于虚拟互动的说法中，错误的是（　　）。
   A. 为了更好地满足购物体验
   B. 消费者对购物的期待越来越高
   C. 虚拟购物会滋生越来越多的假冒伪劣产品
   D. 数字技术的发展推动了虚拟互动的产生

二、多选题

1. 商品信息采编的内容包括（　　）。
   A. 商品拍摄　　　　　　　　　B. 商品图片处理
   C. 商品详情页设计　　　　　　D. 商品宣传推广

2. 商品信息采编在电子商务领域中的重要性包括（　　）。
   A. 传递商品信息、减少咨询　　B. 增加客服效率，降低运营成本
   C. 提升商品的品牌形象　　　　D. 提高转化率

3. 商品信息采编未来发展趋势包括（　　）。

A. 移动平台购物　　　　　　　　　　B. 商品页面的扁平化设计
C. 借助数字技术的虚拟购物互动　　　D. 成本愈来愈低
4. 商品图片的美化需要具备技能包括（　　）。
A. 掌握 PS 常用工具　　　　　　　　B. 掌握图文混排方式
C. 掌握基础配色的法则　　　　　　　D. 掌握详情页构图布局
5. 拍摄的角度包括（　　）。
A. 平拍　　　　　　B. 俯拍　　　　　　C. 斜拍　　　　　　D. 逆光拍

三、判断题

1. 商品信息采编在电子商务领域的重要作用会随着数字技术的发展表现出不同特点。（　　）
2. 好的商品详情页能够准确传达商品信息，但客户也需要随时咨询客服，商品详情页的设计不如商品质量重要。（　　）
3. 普通网店对商品信息采编人员的要求比较全面。（　　）
4. 商品图片美化工作由文案人员和美工人员共同完成，美工人员负责文案，其他人员负责相关的商品图片的处理。（　　）
5. 俯拍是最常用的一个拍摄角度，拍摄出来的效果比较立体，能够很好地突出被摄物体、展现细节。常用于拍摄食品。（　　）

四、问答题

1. 商品详情页制作的基本要求是什么？
2. 商品拍摄的技能要求是什么？
3. 商品信息采编的未来发展趋势是什么？

融会贯通

如何选择适宜的商品

得体、大方的穿搭是求职面试的基本礼仪之一，因此，李明为了在面试中给主考官留下好印象，想在网络购物平台选择一套适合自己的面试服装，但在选择时，李明非常犹豫，不知道自己适合哪款服装。此时，李明应该怎么办？你作为店铺老板，在商品详情页中介绍时应该注意哪些因素？

思考题：

1. 李明该如何选择适合自己的面试服装？
2. 商品详情页的设计的注意事项包括哪些？

笃行致远

一、实训目标

能够根据给定材料，汇报商品信息采编的未来发展趋势。

二、实训背景

商品信息采编工作是电子商务运营的重要一环，结合数字产业化和产业数字化发展，畅想商品信息采编工作的未来发展趋势。

三、实训要求

结合数字经济发展现状和数字技术发展，不局限于课本中的内容介绍。

四、实训步骤

1. 了解电商领域在数字经济发展背景下的最新行业前沿知识。
2. 了解当前国内知名的电商企业在商品信息采编岗位的招聘情况。
3. 结合自己的理解，谈谈汇报商品信息采编的未来发展趋势。
4. 划分学习小组，以小组为单位进行实训汇报。

五、实训成果

每个小组以PPT的形式进行实训内容汇报。

项目 2　商品拍摄的前期准备工作

【知识目标】
1. 掌握各类影视拍摄器材和辅助器材的使用方法。
2. 掌握商品拍摄的基本原则。
3. 掌握商品拍摄时的拍摄角度。
4. 掌握影视构图、拍摄光线等在拍摄过程中的注意事项。

【能力目标】
1. 能够完成影视器材在拍摄前期时的准备工作。
2. 能够完成影视器材在拍摄过程中的调节设置。
3. 能够按要求完成商品主图的拍摄任务。

【素养目标】
1. 培养专业的影视拍摄技能。
2. 提升项目工作所需的系统性思维，养成细致严谨的工作作风。
3. 培养及时发现问题并解决问题的能力。

提要钩玄

商品拍摄的前期准备工作
- 器材准备
  - 商品拍摄器材的准备
  - 拍摄设备的选择与拍摄参数的设置
  - 辅助拍摄器材的选择
- 商品拍摄基本技巧
  - 了解商品拍摄的原则
  - 学习商品拍摄的角度
  - 掌握商品拍摄时构图与光线的注意事项
  - 了解商品拍摄的环境要求
  - 了解商品短视频的拍摄要求
  - 学习商品图片的裁剪与尺寸的大小
  - 了解商品图片的调色
  - 了解商品图片多余部分的处理方法

导入案例

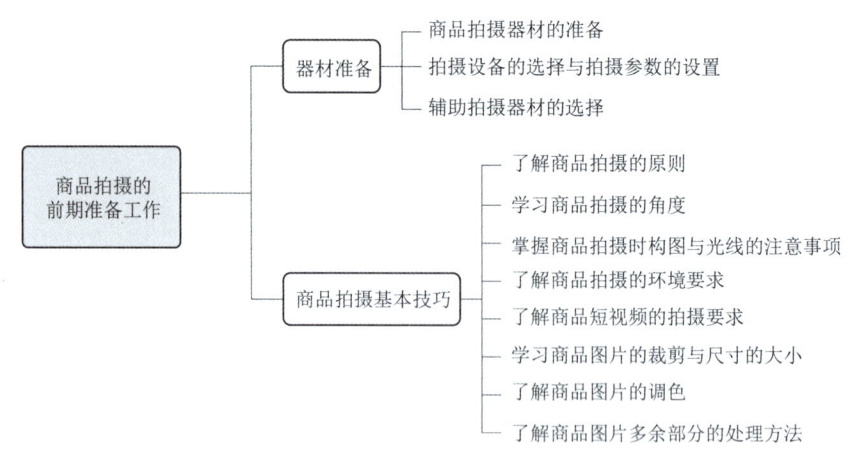

《舌尖上的中国》里面美食都是怎么拍出来的？

《舌尖上的中国》（以下简称《舌尖》）看似只是一部电视纪录片，两季一共15集，它到底是如何让"吃货"们边观看边流口水的？针对《舌尖》火爆荧屏的现象，让我们来了解一下专业的视频摄像工作者是怎么拍摄的。拍摄设备：海、陆、空全方位的拍摄能让《舌尖》里的食物散发着诱人色彩，其主要原因就是摄像机的选择。在《舌尖》中，摄制组采用的是索尼的手持摄像机，这种摄像机最大的优势就是画面的冲击力和色彩的饱和度，可以使画面变得更亮丽。

此外，为了让纪录片更具有电影的氛围，《舌尖》还启用了佳能单反相机5D2，不同镜头的变化、便携的携带方式和浅景深的虚化效果，让这一"神器"也成为拍摄《舌尖》的不二选择。对于专业摄影师和摄像师来说，光线影响着作品好与坏，《舌尖》的一位摄影师曾说过一段和"光"有关的故事，"拍摄火腿时是一个多云的阴天，现场光线并不是很好，但出于相信摄像机的呈现能力，摄制中依然拉起了库房窗户上防苍蝇侵入的布帘。"

在镜头中，透过布帘的光线，室内经过风干的火腿上有斑驳的阴影。正是在光线的或明或暗中，《舌尖》呈现出最精彩的画面。除了摄像机外，为了让观众从多角度看到食物的获得过程和制作过程，《舌尖》剧组不惜成本，动用了水下摄影、摇臂摄影和航拍设备，真正做到了海、陆、空全方位拍摄。摄像人员在看过《舌尖2》第一集后，感叹道："我们特别好奇小伙爬树取蜂蜜那个镜头是怎么拍摄的。"

1. 拍摄手法

不同镜头的适当运用《舌尖》让观众最欲罢不能的，就是各种食物的特写镜头，这也正是《舌尖》在拍摄手法上，胜于其他纪录片的一大特色。虽然也算得上是一档美食节目，但《舌尖》与简单的做菜节目截然不同，归根究底是特写镜头的运用。从特写镜头中，观众可以看到跳跳鱼活蹦乱跳的样子，也可以看到松茸由鲜嫩变焦黄，还可以看到徽州人是如何煎制臭豆腐的。

此外，每集《舌尖》都会运用到不少的长镜头全景拍摄，使画面达到时而唯美、时而震撼的效果。与以往的纪录片相比，《舌尖》剧组在拍摄节奏的控制上驾轻就熟。由于《舌尖》拍摄了大量的素材，即便时长有限，剪辑人员也不愿错过每一种美食，因此，主创团队只能用高剪辑率来赋予该片更加动人心弦的节奏。尤其是《舌尖2》，每集的平均镜头数量是1500个，几乎每2秒切换一个镜头，浅尝辄止而又耐人寻味。

2. 拍摄角度

美食、文化、人情一个都不少《舌尖》虽然是纪录片，但却能达到让观众周五不看综艺节目、不看电视剧、不和朋友聚会吃饭，而是苦苦守在电视机前等着九点的到来，难道只是因为《舌尖》会介绍一些地方美食吗？如果有这种想法，只能说明你还不是一个真正的《舌尖》控。如果单纯是美食节目，那观众们翻翻菜谱就好了，《舌尖》系列最吸引人的就是还原食材的获取过程、挖掘美食背后的故事、展现独特的风土人情。

如果说《舌尖》第一季主要讲的是自然的力量和人的智慧，那么第二季主要讲的是饮食文化和风土人情。在第二季的第一集中，稻花鱼引出了留守儿童的问题，很多人在看到母女分别的桥段时都潸然泪下。相对于《舌尖1》琳琅满目的美食，《舌尖2》更着重表现的是"情感"，它不再只是一部美食纪录片，而是一部人文纪录片，让观众口水与泪水齐飞，真正做到用美食来表现人、情、味。

（资料来源：舌尖上的中国，小技巧教你拍出诱人美食［EB/OL］．搜狐网，2023-03-24，有删减）

任务1　器材准备

一、任务目标

李明通过层层面试筛选，顺利入职山东一家中小型电商视觉服务公司担任管理培训生一职，公司希望通过拍摄岗、美工岗、设计师等一系列岗位轮换，让李明在未来能承担公司电商运营部门的各类项目管理工作。为了更好地让李明熟悉企业流程，经理让刚入职不久的李明进行岗前培训，岗前培训的内容包括拍摄前的器材准备、拍摄具体技巧、商品图片处理、商品详情页设计等具体内容。李明按照公司安排的岗前培训课程表，开始了为期一周的岗前培训。

二、任务分析

本任务需要李明学习商品拍摄前的准备工作流程。通过此次任务的学习，李明应了解拍摄前期的具体准备工作内容，包括准备拍摄器材、对拍摄器材进行整理归纳、完成商品拍摄现场的搭建工作、准备各类影视辅助器材等。

三、任务实施

1. 商品拍摄器材的准备

在拍摄商品的前期准备工作中，需要对拍摄器材进行详细的检查，包括电池是否充满电，三脚架是否固定等工作，确保正常、顺利地完成拍摄工作。

2. 拍摄设备的选择与拍摄参数的设置

在商品拍摄前期，需要选择合适的相机，比如，选择高像素、方便操作等优势明显的相机。另外，还要选择可以进行手动设置相机曝光参数的相机，如快门速度、光圈大小、感光度大小的调节，可以方便我们根据不同的拍摄环境、不同的拍摄需求，通过灵活操作相机参数来完成不同条件下的商品拍摄工作。

1）光圈

光圈是一个用来控制光线透过镜头，进入机身内感光面光量的装置，它通常位于镜头内。对于已经制造好的镜头，我们不可能随意改变直径，但是可以通过在镜头内部加入多边形或者圆形，用面积可变的孔径光阑来控制镜头通光量，而这个装置就叫作光圈。光圈可以用 F 值来表示光圈的大小，当 F 数值越大，光线进入相机就越少，在相机其他参数不变的情况下，拍摄出来的照片就越暗。相反，当 F 数值越小，光线进入相机就越多，在相机其他参数不变的情况下，拍摄出来的照片就越亮。如图 2-1 所示，光圈 F 数值大小影响光圈大小和相机进光量大小。

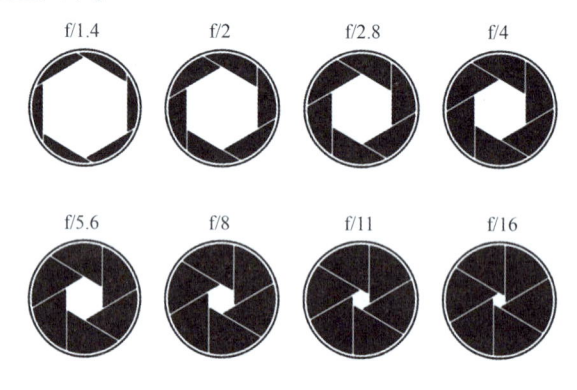

图 2-1　不同的光圈

2）快门速度

快门速度是快门开合一次所需要的时间。实际上是快门所规定的曝光时间。快门速度用 S 表示，快门速度越快（快门开启至闭合所经历的时间越短），感光片接受的曝光量越少；相反，快门速度越慢（快门开启至闭合所经历的时间越长），感光片接受的曝光量越多。如 1/30S 和 1/100S，1/100S 的快门速度更快，相机快门开启至闭合所经历的时间更短，进光量就更少，在相机其他参数不变的情况下，图片越暗。快门速度不仅影响图像的曝光，也影响图像的画面质量及图像清晰度，如果拍摄静物，可以选择慢速快门，如果拍摄运动物体，建议选择快一点的快门速度。快门速度越慢，拍摄的图像越模糊。所以，拍摄时建议使用三脚架进行辅助拍摄。同时，还要根据实际的拍摄需求选择合适的快门速度拍摄。

3）感光度

感光度，又称为 ISO 值，是衡量底片对于光的灵敏程度，感光度数字越大，感光组件对光越敏感，图像越亮；相反，感光度数字越小，感光组件对光越不敏感，图像越暗。感光度数值越高，画面中的噪点越明显。所以，在使用感光度时，尽可能地保证较低的数值使用，为了获取更高质量的图像，建议选择光线充足的区域拍摄，或者给拍摄区域补充光线，以此来满足拍摄需求。对于较不敏感的底片，需要曝光更长的时间来达到跟较敏感底片相同的成像，因此，通常被称为慢速底片。高度敏感的底片也因此而称为快速底片。无论是数码还是底片摄影，为了减少曝光时间，使用感光度相对较高通常会导致影像质量降低（由于较粗的底片颗粒或是较高的影像噪声或其他因素）。

3. 辅助拍摄器材的选择

想要高质量地完成商品的图片拍摄，不仅需要拍摄器材，还需要很多的辅助拍摄器材，这些辅助器材可以帮助拍摄人员更好地完成商品拍摄的工作。辅助器材主要有三脚架、独脚架、遮光罩、反光板、照明灯、柔光箱、柔光板、闪光灯、静物台、背景布、引闪器等。

1）三脚架

三脚架是用来稳定相机的一种支撑架，以实现某些摄影效果，三脚架的定位非常重要。三脚架按照材质分类可以分为木质、高强塑料材质，铝合金材料、钢铁材料、火山石、碳纤维等多种，如图 2-2 所示。

图 2-2　不同材质的三脚架

2）独脚架

独脚架的作用是稳定相机，与三脚架不同，独脚架并不适合长时间曝光的应用。使用独脚架的意义在于：在提供相当程度的便携性和灵活性的同时，把安全快门速度放慢 3 档左右，如图 2-3 所示。

图 2-3　独脚架

3）遮光罩

遮光罩是安装在摄影镜头、数码相机和摄像机前端，遮挡有害光的装置，也是最常用的摄影附件之一。遮光罩有金属的、硬塑的、软胶等多种材质。大多数 135 镜头都标配遮光罩，有些镜头则需要额外购买。不同镜头用的遮光罩型号是不同的，而且不能相互交换使用。遮光罩对于可见光镜头来，是一种不可缺少的附件，如图 2-4 所示。

图 2-4　不同的遮光罩

4）反光板

反光板是拍摄时所用的照明辅助工具。用锡箔纸、白布、米菠萝等材料制成。反光板在景外起辅助照明作用，有时作主光用。不同的反光表面可以产生软硬不同的光线。反光板面积越小，效果越差。

其中，常用的工具是银反光板（图 2-5）。特别是供日光灯、频闪灯等主光源为 1 灯时，轻便而效果大。若供近摄应用，可在文具店购买白色的衬纸，然后在其单调面粘贴银色纸或铝箔，将其制成银反光板、白反光板来应用。先试用银反光板，如果反光效果过分时，再使用白反光板。

图 2-5　不同的反光板

5）照明灯

影视照明器可分为散光型与聚光型两大类。散光型照明器光线四溢散射，角度宽广，照明面积大，常用作辅助光或大面积照明；聚光型照明器光线会聚成强烈的光柱，投射在物体表面上有明显的阴影，前后移动灯泡和反射器的位置，可以改变光斑直径的大小与照度，适用于刻画物体的外部轮廓与远距离投射，常作为主光使用。照明器由光源（灯泡）、灯座、反光器与聚光器等组成。灯座、反光器与聚光器的联合结构称为灯具,如图2-6所示。

图 2-6　不同的照明灯

6）柔光箱

柔光箱是摄影器材,由反光布、柔光布、钢丝架、卡口四部分组成。它不能单独使用,属于影室灯的附件。柔光箱装在影室灯上,发出的光更柔和,拍摄时能消除照片上的光斑和阴影。不同的柔光箱,如图2-7所示。

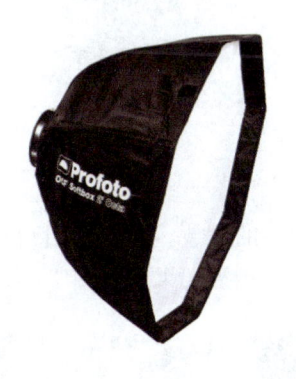

图 2-7　不同的柔光箱

7）柔光板

柔光板,在太阳与被摄物之间起到阻隔减弱光线的作用,多用白薄塑料布、尼龙布等,可以使光线柔和,降低反差,如图2-8所示。

图 2-8　不同的柔光板

8）闪光灯

其中文全称为电子闪光灯，又称为高速闪光灯。电子闪光灯通过电容器存储高压电，脉冲触发使闪光管放电，完成瞬间闪光。通常，电子闪光灯的色温约为 5 500 K，接近白天阳光发出的色温，发光性质属于冷光型，适合拍摄怕热的物体。

闪光灯是能在很短时间内发出很强的光线，属于照相感光的摄影配件。多用于光线较暗的场合瞬间照明，也可用于光线较亮的场合给被拍摄对象局部补光。其外形小巧，使用安全，携带方便，性能稳定，如图 2-9 所示。

图 2-9　不同品牌的闪光灯

9）静物台

静物台是在商品拍摄现场搭建的场景，主要用于商品的摆放。拍摄人员可以把商品置于静物上，可按不同的角度摆放，然后从合适的角度选择拍摄效果，如图 2-10 所示。

图 2-10　静物台

10）背景布

背景布是摆放在商品背面的道具，主要用于衬托商品，所以在选择背景布颜色时，应尽量选择纯色背景布，以免宣宾夺主，如图 2-11 所示。

图 2-11 背景布

发蒙解惑

手机如何拍出高质量产品照

如果卖家可以为买家提供美观的产品照，就能为他们提供有价值的信息，也等于在进行让人印象深刻的产品展示。但并不是每个人都会找专业摄影师拍摄，特别是在公司刚起步的时候。所以，自己拍产品照是一个很好的选择，但很多人没有单反相机，那应该怎么办呢？使用手机也能拍摄产品照，下面简单总结了手机拍摄产品照的技巧和注意事项，让你在有限的设备预算下拍出高端的产品照。

1. 手机拍照

如果你有单反相机，那就用它拍摄，如果没有相机，就准备一台好点的智能手机，相机只是拍照的一部分，照片的好坏与光线、摆放、层次、道具搭配及后期处理等有关。不要给自己压力，手机拍出的产品照对于一般人来说是绝对够用的！

2. 设置桌面

找一个合适的平台，要根据产品大小而定，一般面积建议宽 80 厘米、长 130 厘米。静物摄影通常在一张桌子上能拍出很多高质量的照片，不用占太大的地方。

接下来，将桌子放在窗户附近，注意不要让窗框阴影留在桌子上，最好是让光线从侧边照射过来，若在白天拍照，记得关闭室内灯光，因为其他光线会严重干扰自然光线，导致拍出来的效果不理想。

3. 使用手机专用俯拍支架来拍摄，让照片更具一致性

在进行产品照手持拍摄时，很容易出现模糊晃动或者拍摄风格不统一等现象。所以，为确保风格的一致性，可使用手机俯拍支架，这种支架可直式、横式进行任意角度的调整。

4. 自然光与人造光

光线对照片有很大的影响，客户在亲自看到产品或下单之前，照片是最大的参考。正确地控制光线，有助于增加对于潜在客户的深入了解。一般光线来源有 2 种，自然光与人造光。在拍摄时，建议从自然光或人造光中选择一种用来拍摄，不要让光线互相影响。

自然光指的就是阳光。只要有个太阳能照射进来的窗户，就能够拍照，窗户越大，进

入的光线越多，自然光源拍摄的效果不会太差。人造光有日光灯、灯泡、蜡烛等，因为人造光源能产生更小，但更集中的光聚处。这种类型的光线适用拍摄要强调产品的物理细节时使用，以便让观看者留下深刻印象。例如，在拍摄皮革类的包、鞋时，要注重展现其表面的金属和纹理，并以此作为主要卖点。

5. 光线的补强与削减

当使用自然光时，若光线太强，会让产品产生过度曝光而让向光面整个都太亮而偏白，而背光处的阴影通常又太暗，因此，需要特别控制一下光线。

当上述过程操作完成后，如果想拍摄白底照片，就要留意阴影，也可以在后期修图，如果为了更有个性，就布置一下桌面，拍摄你想要的效果。

最后，不建议新手一开始就过度投资拍照器材和打光设备，先学习用手机如何拍照，待掌握了一定技巧再考虑是否入手专业设备。

（资料来源：手机也能拍出高质量商品照［EB/OL］. 摄影艺术与教育，2020-07-20，有删减）

任务2　商品拍摄基本技巧

一、任务目标

拍摄老师准备好了拍摄器材，并准备开始商品的拍摄，商品拍摄包括哪些技巧呢？这需要李明详细学习。

二、任务分析

本任务要求商品信息采编人员能够合理利用拍摄器材，对拍摄器材的参数设置有充分的理解，结合影视拍摄构图、影视拍摄光线等的技巧完成高质量的商品图片的拍摄工作。

三、任务实施

1. 了解商品拍摄的原则

商品拍摄的图像主要是用来对顾客进行宣传，通过图像吸引观众的眼球，达到突出商品特点的目的。所以拍摄的商品图像要满足一定的要求，尽量拍摄一些图像清晰、曝光正常、颜色亮丽、构图完美、特点突出、美观的图像。一般来说，可以遵循以下拍摄原则，提高商品图像的质量。

1）保证商品图像的清晰度

图像的清晰是突出商品，保证拍摄质量最基本的要求。图像的清晰能够吸引消费者的眼球，能够更好地展示商品的细节特点，才能让消费者产生购买的欲望。在拍摄时，调整好相机曝光数值，调节适当的快门速度保证、光圈、感光度，确保图像曝光正常。

2）保证商品图像的风格统一

拍摄风格统一的图像能够加强消费者对商品的认知度，风格样式多样反而会影响消费者对产品的第一印象。所以，应尽量保证同一页面中的图像风格统一。

3）保证商品特点突出

在拍摄时，选择合适的角度进行拍摄，着重突出商品的细节特点。可以把商品的形状、结构、性能、色彩和用途等呈现出来。

4）表现商品质感

在拍摄商品时，质感的表现是尤为重要的。在完美凸显物体质感的同时等于凸显其独有的气质，应注意以下几个拍摄技巧。

（1）拍摄时调节白平衡，还原商品本身的颜色特征，避免出现色差问题。

（2）使用柔光板拍摄，可使光线均匀分布，从而提升画面的美感，如图 2-12 所示。

图 2-12　柔光板

（3）适当提高一档曝光，使画面显得更加亮丽。

（4）对于拍摄反光面较强的商品，可以给镜头架上偏振镜来降低商品表面的反光，提升画面质感和立体感。

5）展示商品大小

在静物台可以摆放卡尺或者大家熟知的物品来展示商品的尺寸大小，给消费者更加直观的商品信息。如图 2-13 所示，行李箱与人物的对比，可以明显展示其尺寸大小。

图 2-13　行李箱

> **博物洽闻**

淘宝平台主图不能出现的那些违禁词

例如，买一送一、秒杀、全网最低等字是不允许出现在主图中的，具体规定如下。

（1）宝贝及商品主图中除品牌 Logo 外，不能包含促销、夸大描述等文字说明，主图中不能带有非宝贝展示的拼接图及水印。

（2）宝贝信息和商品信息需要匹配。

（3）商品标题中必须包含品牌信息。

如果你在淘宝主图中加了文字，会让整个淘宝主图看起来更加有吸引力，大家不要忘记淘宝主图也是可以打广告的，但是，在设置这个图的过程中，一定要遵守淘宝平台的规定。

2. 学习商品拍摄的角度

在进行商品拍摄时，我们应该选取合适的角度进行拍摄，目的是把商品的特点更好地呈现给消费者，让消费者产生购买的欲望。在拍摄时我们可以选择商品不同的部位，如正面、侧面、背面、底部拍摄；同时，还可以从俯视、仰视、平视的角度进行拍摄，从而可以全方位、多角度展示商品，了解商品属性。图 2-14 所示为不同角度的商品图像。

图 2-14　不同角度的商品图像

常见的拍摄角度有平拍、俯拍、仰拍。

1）平拍

平拍就是相机拍摄高度与商品的高度维持在一个水平面上，以平视的角度进行拍摄。平拍所构成的画面效果，接近于人们观察事物的视觉习惯，它所形成的透视感比较正常，摄对象也不会出现图像的扭曲和变形。因此，这种表现方法在摄影实践中应用得最广泛，被运用起来也比较快捷、方便。平拍接近人们观察事物的视觉习惯，平拍效果如图 2-15 所示。

图 2-15 平拍

2）俯拍

俯拍是摄像机的拍摄高度高于商品的高度，是一种从上往下的角度拍摄视角。俯拍拍摄商品时，适合较小的商品。当然，在拍摄时要注意，俯拍容易产生上端大、下端小的视觉效果，如图 2-16 所示。

3）仰拍

仰拍是一种拍摄方式，指摄影师以一个低的角度从下往上拍摄画面。它同时也指以这种拍摄手法所创作的画面形式。仰拍能够展示物体的宏伟气势，在拍摄商品时，使商品更加立体、美观，如图 2-17 所示。

图 2-16 俯拍 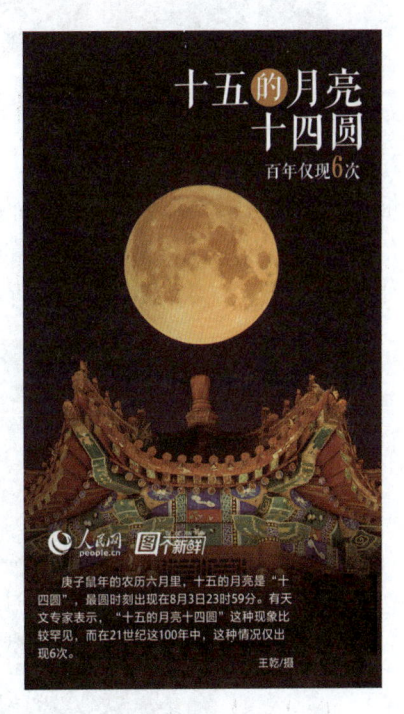　　　　　　　　　图 2-17 仰拍

3. 掌握商品拍摄时构图与光线的注意事项

构图，是指为了表现作品的主体思想和美感效果，在一定的空间内安排和处理人物的关系和位置，把个别或局部的形象组成艺术的整体。美观的构图和巧妙的搭配可以更完美地突出商品的特征，给人一种舒适的感觉。接下来，分别介绍几种不同的常用构图方法。

1）中心构图法

中心构图是将主体放置在画面中心进行构图。这种构图方式的最大优点就在于主体突出、明确，而且画面容易取得左右平衡的效果。这种构图法适合拍摄单个商品摆放在画面中，商品置于画面的中心位置，在拍摄时应当注意，单个商品置于画面中尽量不要太大，这样不利于突出商品的主体展示，应该避免因商品占有画面位置过大，而产生一种压迫感。商品在画面中大小适中，如图2-18所示。

图2-18 中心构图法

2）对角线构图法

把主题安排在对角线上，有立体感、延伸感和运动感。在拍摄商品时，将商品放在画面对角线上斜向摆放，呈现出对角线的构图方式。这种构图方式在拍摄商品时具有一定的视觉冲击力，充满活力，如图2-19所示。

图2-19 对角线构图法

3）井字形构图法

井字形构图又称九宫格构图，是常用的构图形式。将被摄主体或重要景物放在"九宫格"交叉点的位置上。"井"字的四个交叉点就是主体的最佳位置。通常，右上方的交叉点最为理想，其次选右下方的交叉点，但也不是一成不变的。这种构图格式较为符合人们的视觉习惯，可以使主体自然成为视觉中心，具有突出主体，并使画面趋向均衡的特点，如图 2-20 所示。

图 2-20　井字形构图法

4）三角形构图法

以三个视觉中心为景物的主要位置，有时是以三点成面几何构成来安排景物，形成一个稳定的三角形。这种三角形可以是正三角也可以是斜三角或倒三角，其中斜三角较为常用，也较为灵活。三角形构图具有安定、均衡但不失灵活的特点。三角形构图法在画面中所表达的主体放在三角形中或影像本身形成三角形的态势，是视觉感应方式，如有形态形成的也有阴影形成的三角形态，如果是自然形成的线形结构，这时可以把主体安排在三角形斜边中心位置上，以期有所突破。但只有在拍商品全景时使用，效果才最佳，如图 2-21 所示。

图 2-21　三角形构图法

5）对称式构图法

对称式构图使被摄对象结构规矩、平稳，图片的色调、影调和谐统一，画面端庄严谨，具有平衡、稳定、相对的特点，用对称式构图的方法拍摄时，从其左右对等的角度居中取景，即可形成左右对称的画面布局。不过，对称式构图的应用不能机械地对等，必须在对等之中有所变化，或者蕴含趣味性、装饰性，否则就会显得平淡、乏味，如图2-22所示。

6）垂直线构图法

垂直线构图是使画面中的主体景物，在照片画面中呈现为一条或多条垂直线，利用画面中垂直于上画框的直线线条元素构建画面的构图方法。垂直线构图一般具有高耸、挺拔、庄严、有力等特点，也能给人类似水平线构图的平衡、稳定的感觉，主要强调被摄主体的形式感。经常能见到的树木、柱子、栏杆等，都是可以利用的垂直线构图元素。在使用这种构图方法时，为了强化构图效果，还可以尽量尝试选择一些重复的垂直线元素呈现在画面当中。这种构图方式应注意画面的结构布局，疏密有度，使画面更有新意而且更有节奏感，如图2-23所示。

图2-22　对称式构图法　　　　　　图2-23　垂直线构图法

光线在拍摄中发挥着重要的作用，是影视摄影的基础，可以说，没有光就不可能有影视艺术。光线可以烘托环境氛围，不同的照射方位，形成不同的视觉效果。在拍摄商品时，若要正确的展示商品的表面形态、颜色、质感等特点，就需要通过专业的现场布光，这样才能达到理想的拍摄效果。以下展示的是不同方位的光线。

手机摄影光线

1）顺光

顺光，顾名思义就是光线的投射方向和拍摄方向相同，顺着光线的方向拍摄。顺光拍摄，是我们最常用的照明光线，光线照射在商品上比较均匀，阴影面积相应的变少，影调也会相对比较柔和。图2-24所示采用的是顺光拍摄方法，相机的拍摄方向和光线照射方向一致，光线均匀地照射在主体的表面，有利于展示主体细节。

2）逆光

逆光亦称背面光，光线是从物体的背面照射过来，相机朝向光线射来的方向拍摄。由于从背面照明，只能照亮被摄体的背面，以及展示被摄体的轮廓，所以又称作轮廓光。逆光有正逆光、侧逆光、顶逆光三种形式。在逆光照明条件下拍摄，被拍摄的物体大部分处在阴影之中,只有被摄体的轮廓,因此,从视觉感官上层次分明,能很好地表现大气透视效果,在拍摄全景和远景中,往往采用这种光线,可以使画面获得丰富的层次,如图2-25所示。

图2-24 顺光 　　　　　　　　　　　图2-25 逆光

3)侧光

光线投射方向与拍摄方向成90°左右照明,被照射的物体,有明显的阴阳面和投影,对被摄体的轮廓有一定的展现,对景物的立体形状和质感有较强的表现力。其缺点是,往往形成一半明一半暗的、过于折中的影调和层次,在大场面的景色中往往形成不均衡。如图2-26所示。

4)顶光

顶光是光线从被摄体顶部射来,并与被摄体、相机连线成竖直方向90°左右夹角的照明光线。物体用顶光来拍摄,会产生比较重的阴影,如图2-27所示。所以,在拍摄时,尽量不要单独选择使用这种光线来作为主光源。

图2-26 侧光 　　　　　　　　　　　图2-27 顶光

5)底光

底光是从被摄体的下方照射到物体底部的光线,形成一种自下而上的投影,如图2-28所示。

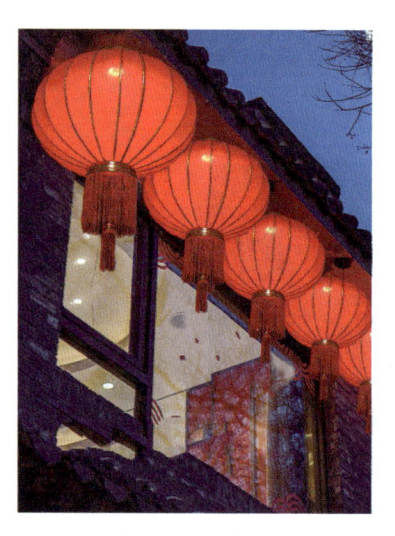

图 2-28　底光

> 行业洞察

淘宝升级未成年人商品合规举措 将加大清理、处罚力度

2022年1月14日消息，淘宝全面升级《儿童类商品行业规范》并发布公告称，为营造健康、文明、有序的网络环境，保护未成年人合法权益、促进未成年人健康成长，平台始终对涉及儿童低俗商品售卖和低俗信息展示等问题保持"零容忍"态度。根据《未成年人保护法》和中央网信办"清朗·未成年人保护系列专项行动"，平台将持续加大对此类违规商品和不良信息的清理、处罚力度，并在此基础上，分阶段有针对性地开展专项治理行动，进行商家合规意识培训。持续优化算法模型、提升技术防控和图像识别能力，推进和升级治理策略。

针对儿童类商品低俗问题，淘宝此次专项治理坚持"高标准、严要求"，内容审查涉及范围更广、覆盖品类更多。公告显示，淘宝此次重点排查、严处商品类目包括但不仅限于儿童服饰、玩具和儿童影像、照片等，审查认定范围覆盖商品文字描述、商品图片和商品评价等内容。

阿里巴巴平台治理部相关负责人表示，针对无主观意识、不存在恶意违规的商家，淘宝将下架问题商品并责令其限期整改、自清自查；针对违规程度较重的商家，淘宝将删除问题商品链接并对店铺进行扣分处置；针对恶意违规且造成恶劣影响的商家，淘宝将永久清退违规、违法店铺，并移送执法机关、追究其法律责任，绝不姑息。

同时，淘宝还分别在商家端和消费者端推进合规提醒和违规举报等多项举措，保障未成年人合法权益。2022年1月11日，淘宝正式上线商家端儿童类商品发布合规提醒功能，即商家在淘宝平台发布儿童类商品时，后台会出现明显提示——"请您在发布儿童商品时，参照《淘宝儿童类商品行业规范》进行发布，否则可能有下架/删除/扣分等处罚风险"；同时，淘宝还进一步建议儿童服饰类商家尽量减少使用真人模特，注意贴身衣物等儿童类商品聚焦敏感部位等问题。

在消费者端，针对涉及儿童低俗问题等相关搜索关键词，淘宝对此类搜索词进行主动干预和积极引导，在手淘搜索相关关键词将直接跳转至"绿网计划"公益的未成年人保护宣导页面。

"根据以往的处置经验，大部分涉及儿童类商品低俗违规商家，主要是因为法律意识淡薄、对此类行业规范认知不足，通过平台专项严查防控和合规整改，已取得明显积极成效。但仍有部分商家接到平台限期整改通知后，妄图通过词汇与图像变异、隐晦语义等方式躲避平台审查和管控。甚至有部分不法商家在遭到淘宝平台严厉打击后，转而选择到其他电商平台继续销售此类违规商品。在此，我们呼吁所有电商平台携手共治、积极承担起对涉及未成年人低俗违规问题商家的治理责任与管控义务，杜绝不法商家换平台继续作恶的机会，保障未成年人合法权益，让违规者无机可乘、无利可图，共同给未成年人营造文明、健康、向上的清朗网络环境。"阿里平台治理部相关负责人说。

（资料来源：淘宝升级未成年人商品合规举措 将加大清理、处罚力度［EB/OL］. 人民网，2022-01-18）

4. 了解商品拍摄的环境要求

商品拍摄主要是在室内和室外两种环境下进行拍摄，室内室外的拍摄要求有相同之处，也有不同之处。室外的拍摄环境主要借助于自然光线，以及反光板反射光线来补充亮度。其拍摄出来的照片更加真实。

1）室内拍摄

室内的拍摄主要借助人工光源，利用光源进行补光，对拍摄要求比较高，需要对商品有详细的了解，在搭建场景时需要寻找合适的道具，营造出符合商品特点的氛围，室内拍摄对拍摄要求比较高，对拍摄人员的专业素养要求高。

2）室外拍摄

室外拍摄主要依靠自然光，对于场景的搭建相对比较简单，可以从自然环境中寻找符合产品特色的道具。室外光线主演依靠自然光，光线相对自然；同时，在拍摄时还可以使用补光灯来补光，以及反光板反射光线。

5. 了解商品短视频的拍摄要求

1）拍摄思路清晰

拍摄前，可以简单地编写一下分镜头，把需要拍摄的镜头提前写出来，需要什么样的景别、角度等进行详细说明。

2）创意感

视频尽量避免单调，在拍摄商品时可以采用让模特手持等方法，体现互动性。

3）文案简练

视频中的文字说明时必不可少的，文字可以起到辅助宣传解释的作用，但需要注意的是，文字尽可能简单凝练。

6. 学习商品图片的裁剪与尺寸的大小

在拍摄完商品照片后，发现拍摄的照片不能立刻满足我们的使用，这时，我们需要对照片进行修改，其中裁剪是我们经常会用到的工具，把我们想要的图片尺寸大小，通过裁剪工具获得理想的尺寸。按照不同客户端的要求，裁剪不同尺寸的照片。

下面以主图为例，使用 Photoshop 2022，将"球鞋"素材裁剪成宽高 1∶1 的图片，并将尺寸设置成 800 像素×800 像素的图片，将大小控制在 200 KB 以内，具体操作步骤如下。

步骤 1　启动 Photoshop 2020，选择【文件】/【打开】命令，打开对话框，双击以打开"球鞋"素材，如图 2-29 所示。选择裁剪工具，在工具属性栏目中将裁剪比例设置成 1∶1，将鼠标指针移动到裁剪区域单击，此时图片将出现网格，移动控制点，可以看到裁剪区域发生变化，如图 2-30 所示。

如何使用剪映 App 制作视频

图 2-29　球鞋 1 　　　　　　　　图 2-30　球鞋 2

步骤 2　按"Enter"键或在工具属性栏中单击 按钮完成裁剪，效果如图 2-31 所示。

步骤 3　选择【图像】/【图像大小】命令，打开【图像大小】对话框，设置分辨率为"72 像素/英寸"，设置宽度和高度都为"800"像素，单击"确定"按钮。选择【文件】/【存储为 Web 所用格式】命令，打开"存储为 Web 所用格式"对话框，在右侧设置图像格式为"JPEG"，品质为"好"，可以看到文件大小为 1.83 MB，如图 2-32 所示。完成图像尺寸的设置。

图 2-31　球鞋 3 　　　　　　　　图 2-32　球鞋 4

项目2　商品拍摄的前期准备工作

7. 了解商品图片的调色

由于光线的强弱、色彩等的不同，拍摄的照片有可能发生颜色的变化，视觉上产生偏差，我们可以通过后期进行处理。把颜色调制成合适的效果。下面打开素材。

步骤　打开"女士.jpg"素材，选择【图像】/【调整】/【曲线】命令，打开【曲线】对话框，在曲线添加控制点，进行调整图像的明暗度和对比度，将曲线调整成S形，如图2-33所示。接下来，可以看到调整前后的对比图，如图2-34所示。

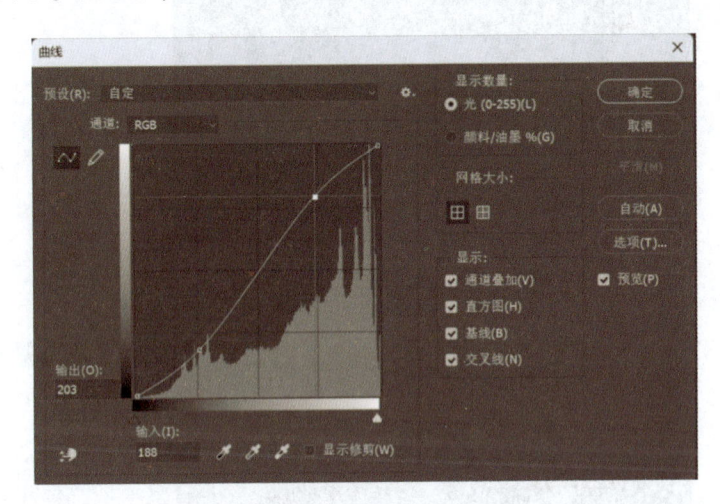

手机相机拍摄
之人像角度

图2-33　女士1

图2-34　女士2

8. 了解商品图片多余部分的处理方法

当我们在拍摄照片时，或许会发现，照片拍完效果不是自己先要的，照片存在一定的缺陷，这就需要进行修正，及时的处理出现的瑕疵。下面打开"成群结队.jpg"素材，对背景中不想展示的、不想要进行删除操作。其具体操作步骤如下。

· 37 ·

步骤1　打开"成群结队.jpg"素材,在工具箱中选择修复工具,在需要去除的部分周围绘制选区,如图 2-35 所示。

图 2-35　"成群结队 1"

步骤2　向相邻的空白区域拖动,这里向下方拖动,通过下方区域覆盖需要去除的部分,如图 2-36 所示。

图 2-36　"成群结队 2"

步骤3　按 Ctrl+D 组合键取消选区,按 Ctrl+S 组合键保存文件,效果如图 2-37 所示。

图 2-37　"成群结队 3"

固本培元

一、单选题

1. 下列各项中（　　）数字代表光圈数值。
   A. P　　　　　　　B. F　　　　　　　C. S　　　　　　　D. G

2. 手动挡拍摄是（　　）。
   A. A　　　　　　　B. M　　　　　　　C. P　　　　　　　D. T

3. 下列各项中哪个是广角镜头？（　　）
   A. 16~35 mm　　　B. 100 mm　　　　C. 70~200 mm　　　D. 600 mm

4. 将一个图像文件存储为（　　）格式时，可以将图像文件中的图层、注释等信息保留。
   A. JPEG　　　　　B. TIF　　　　　　C. PNG　　　　　　D. GIF

5. 在商品顶部设置的灯光，属于（　　）。
   A. 顶光　　　　　B. 侧光　　　　　　C. 面光　　　　　　D. 轮廓光

二、多选题

1. 可以将直射光线均匀的照射在商品表面的物体有（　　）。
   A. 遮光板　　　　B. 遮光罩　　　　　C. 闪光灯　　　　　D. 补光板

2. 相机商品进行拍摄时有哪几个拍摄高度？（　　）
   A. 俯拍　　　　　B. 仰拍　　　　　　C. 平拍　　　　　　D. 侧拍

3. 相机商品进行拍摄时有哪几个拍摄方向？（　　）
   A. 正面　　　　　B. 侧面　　　　　　C. 背面　　　　　　D. 斜侧面

4. 逆光拍摄时，商品正面的光线不足，可以使用（　　）来补光。
   A. 反光板　　　　B. 补光灯　　　　　C. 遮光板　　　　　D. 遮光罩

5. 逆光有哪三种形式？（　　）
   A. 正逆光　　　　B. 侧逆光　　　　　C. 顶逆光　　　　　D. 斜逆光

三、判断题

1. 顶光是从被摄体的下方照射到物体底部的光线，形成一种自下而上的投影。（　　）

2. 侧光是光线投射方向与拍摄方向成90°左右照明，被照射的物体，有明显的阴阳面和投影，对被摄体的轮廓有一定的展现，对景物的立体形状和质感有较强的表现力。（　　）

3. 对称式构图使被摄对象结构规矩、平稳，图片的色调、影调和谐统一，画面端庄、严谨，具有平衡、稳定、相对的特点。（　　）

4. 快门速度用S表示，快门速度越快（快门开启至闭合所经历的时间越短），感光片接受的曝光量越少。（　　）

5. 对角线构图法：把主题安排在对角线上，有立体感、延伸感和运动感。在拍摄商品时，应将商品放在画面对角线上斜向摆放，呈现出对角线的构图方式。（　　）

四、问答题

1. 如何在拍摄时使用灯光提高画面质感？
2. 逆光拍摄时有哪些注意事项？需要采用哪些辅助设备？
3. 如何保证商品图像的清晰度？

融会贯通

如何拍出高质量的商品图像

某影视工作室接到一家淘宝店的商品照片拍摄业务，需要给商品拍出一组不同角度的商品高质量的商品图像，要求清晰、富有质感、亮点突出。如果你是这家工作室的老板，应如何进行现场的安排？

思考题：

1. 现场拍摄需要使用哪些设备？
2. 你是如何理解"高质量"图像的？

笃行致远

展望商品信息采编工作的未来

一、实训目标

根据项目2中导入案例的内容，总结《舌尖上的中国》中的美食拍摄技巧和方法，并以小组为单位进行汇报演示。

二、实训背景

商品拍摄是展示商品特色、吸引消费者购买注意力的重要因素，如何拍摄高质量商品图片，成为商品信息采编工作的重要内容。

三、实训要求

总结商品拍摄的技巧和方法，以PPT课件的形式汇报，可以结合具体行业或者店铺背景进行。

四、实训步骤

1. 确定拟创业经营的店铺或者行业环境特点。
2. 熟悉商品拍摄常用的设备及拍摄技巧。
3. 结合自己理解，谈谈商品拍摄的方法和技巧。
4. 划分学习小组，以小组为单位进行实训汇报。

五、实训成果

每个小组以PPT形式进行内容汇报。

项目 3　商品图片的基本处理

【知识目标】
1. 掌握拍摄后的商品图片的裁剪与尺寸的修改。
2. 掌握商品图片的调色技法。
3. 掌握商品图片瑕疵的处理方法。

【能力目标】
能够熟练运用图片处理软件完成对商品图片的裁剪、调色、抠图等。

【素养目标】
1. 树立严谨细致的工作作风，能够通过图片处理工作感悟精益求精的工匠精神。
2. 树立法制观念和正确的企业经营观，积极维护消费者合法权益。

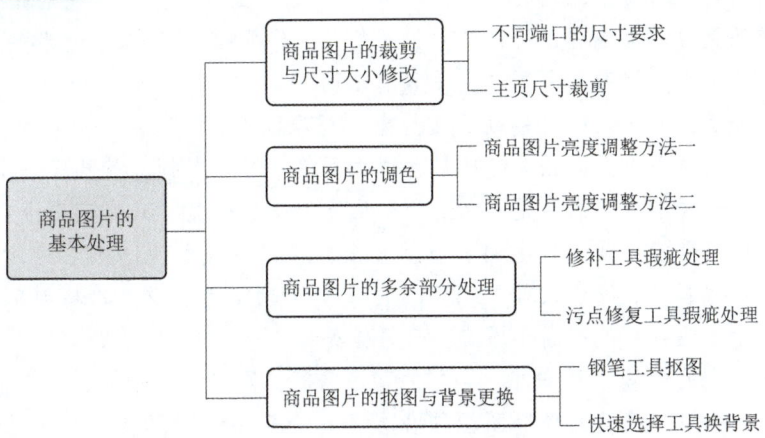

提要钩玄

```
                           ┌─ 商品图片的裁剪      ┌─ 不同端口的尺寸要求
                           │  与尺寸大小修改      └─ 主页尺寸裁剪
                           │
                           │                      ┌─ 商品图片亮度调整方法一
          商品图片的 ──────┼─ 商品图片的调色      └─ 商品图片亮度调整方法二
          基本处理         │
                           │                      ┌─ 修补工具瑕疵处理
                           ├─ 商品图片的多余部分处理
                           │                      └─ 污点修复工具瑕疵处理
                           │
                           │                      ┌─ 钢笔工具抠图
                           └─ 商品图片的抠图与背景更换
                                                  └─ 快速选择工具换背景
```

导入案例

无法看商品详情、以次充好 "顺手买一件"暗藏消费陷阱

不少网友对多个购物平台新推出的"顺手买一件"功能提出质疑,称以"优惠价"加购的商品其实并不优惠,甚至定价高于直接购买价格。还有消费者反映,"顺手买一件"的商品还存在质量差、缺斤少两等问题。

近日,多个电商平台推出类似"顺手买一件"的功能,购买商品结账页面最下方会出现一件推荐商品,用户可以直接勾选后一起付款。北青报记者测试发现,这件被推荐的商品比较随机,且无法查看具体商品详情。

打开某购物平台的App,北青报记者随机挑选了食品、服饰、家居用品等不同品种的商品并下单,结算页面均出现了"顺手买一件"的推荐。其中有化妆品小样、美妆代购商品、零食等,每次推荐的商品都不一样。北青报记者注意到,这些"顺手买一件"的商品虽与选购产品没有关联,但均是北青报记者测试账号平时经常浏览的内容,这一推荐机制,让消费者很容易"顺手下单"。

不过,令消费者不满的是,"顺手买一件"的产品无法查看商品详情,导致消费者在不明不白的情况下购物。记者看到,结算页面只显示了商品的店铺、净含量和顺手价,除非是下单购买或退出付款页面去搜索这些顺手买的产品才可以查看原价及其他详细介绍。"顺手买一件里的商品,点击图片或者商品名称,都无法跳转,完全看不到商品的具体信息。而如果退出后,去页面搜索这件商品,当你再次结账时,'顺手买一件'的商品就变了!这也太不方便了。"有的消费者说。

不少消费者认为"顺手买一件"的价格应该更优惠,但实际上,不少商品的定价普遍高于直接购买价。有网友分享自己购买顺手拍的经历时说,"昨天买其他东西,在付款的时候看着顺手买是之前想尝试的这个身体乳,就顺手一起付款了,付款金额是19.9元。今天想点开确定一下买的是不是身体乳,结果点进去看到详细页面,发现实际才9.9元!瞬间感觉自己是妥妥的大冤种。"

实际上,"顺手买一件"中的商品还存在以次充好、临期食品、缺斤短两等问题。

有顺手购买过补水喷雾的消费者评价表示"劣质产品""过敏""有股味道";有顺手购买过蛋白质巧克力的消费者评价说"日期不好""不划算""过保一大半";顺手购买过封面标注一大袋大米的消费者表示"到手只有7两"。

还有用户表示,顺手买一件的商品质量差,还难以维权,购买体验不好。"网上买个自行车坐垫,在快捷下单页面相关链接推荐顺手下单一把小车锁,就买了一个。买的时候没法点进详情页去仔细分析商品是否靠谱。结果发现质量很差,只有密码没有钥匙,锁坏了都没有备用的钥匙能打开。我去问客服,客服让去'帮助'里反馈,在'帮助'里反馈完,又让我去找客服。维权太难了。"最终,该消费者认为,这个价格为10元的小车锁由于退货而产生的运费可能都高于原价,只好作罢。

对于电商平台的"顺手买一件"存在的诸多问题,网经社电子商务研究中心主任曹磊表示:"顺手买一件"推荐的商品不让消费者查看价格和详情,涉嫌侵害消费者知情权,

应该督促整改。该功能虽然有利于商品的推广，但平台的销售规则还不够完善，平台需要倾听消费者的心声，完善内容。"顺手买一件"一般都是低价商品，如果暗藏假冒伪劣商品，对于平台和消费者来说都不公平，甚至会导致"劣币驱逐良币"的现象出现。

（资料来源：无法看商品详情、以次充好 "顺手买一件"暗藏消费陷阱［EB/OL］.人民网，2023-06-11）

任务1　商品图片的裁剪与尺寸大小修改

一、任务目标

完成商品图片的拍摄任务后，就要对商品图片中存在的问题进行处理，如商品图片文件较大不能直接上传，为了使拍摄的商品图片符合尺寸要求，李明需要在岗前培训中掌握一些商品图片大小的处理技巧与方法。

二、任务分析

商品图片的处理工作一般要确定商品图片尺寸大小，为了使商品图片适用于各类版面中，第一步就需要对商品图片进行裁剪并调整尺寸。

三、任务实施

拍摄完成后的图片尺寸一般比较大，而且比例是固定的，所以不能直接使用，需要帮助卖家裁剪出适合商品主图和商品详情页的尺寸使用要求。

1. 不同端口的尺寸要求

1）商品主图尺寸

在电商的世界里，消费者是见不到实物的，能够看到的就是图片展示，商品主图是卖家将店铺商品的重要消息传递给买家的重要窗口，只有做好了主图才能准确传达信息，吸引到点击，抓得住流量，才能有更多成交的可能性。因此，在设计时尽可能强化商品的卖点，也要适当地加入促销元素，给买家留下较好的印象。主图应真实、清晰、不变形，这是商品主图最基本的要素，卖家展示产品图片时必须完整地展示产品，否则会降低商品主图的质量，也难以吸引买家。

主图为了完整体现出美观度，都会按照一定的尺寸制作，虽然没有固定的尺寸要求，但也要在比例范围内。商品主图的比例可以是3∶4的，还可以是1∶1，和2∶3的，图片格式为jpg、GIF、PNG，大小不能超过500 KB，注意不要压缩得太小，小了图片会失真。主图一般可以上传4~6个不同角度的图片；PC端电商店铺和跨境电商店铺主图尺寸大约为800像素×800像素，移动端电商店铺主图尺寸为600像素×600像素。

2）商品详情页尺寸

不同电商平台商品详情页的尺寸也有所不同。淘宝详情页尺寸为750像素的宽度，高度则根据商品本身实际情况而定，大小最好在单张500 KB，连体图片3 MB以内，如天猫商品详情页尺寸要求为宽 790 像素，高度不限。每张图不得超过 1 500 像素。

2. 主页尺寸裁剪

通常使用单反相机或者像素高的收集拍照，拍出来的图片会很精美，但也比较大。上传图片到网点，若图片太大，则上传速度会很慢，这时候就需要尽量在不损坏图片质量的情况下修改图片的大小。

以下面主图为例，使用 Photoshop 2020 将"扫地机.jpg"素材裁剪成宽高比为 1∶1 的图片，并将尺寸设置为 800 像素×800 像素，将大小控制在 200 KB 以内，具体操作步骤如下。

步骤 1　启动 Photoshop 2020，选择【文件】/【打开】命令，打开"打开"对话框，双击打开"扫地机.jpg"素材（配套资源：素材/项目 3/扫地机.jpg），如图 3-1 所示。单击裁剪工具 按钮，在工具属性栏中将裁剪比例设置成 1∶1，将鼠标指针移动到裁剪区域单击，此时图片上将出现网格，拖动控制点便可发现裁剪框区域已发生变化，如图 3-2 所示。

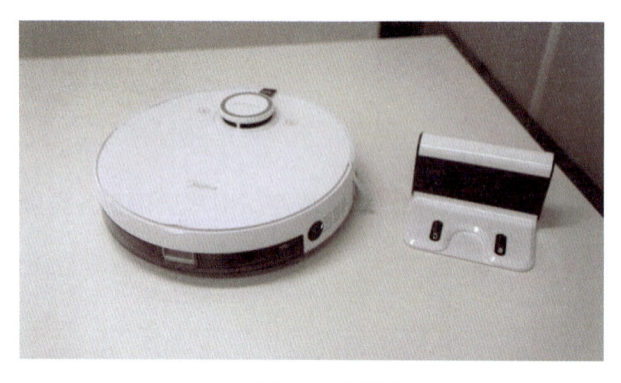

图 3-1　扫地机

图 3-2　裁剪比例为 1∶1

步骤 2　按 Enter 键或在工具属性栏中单击 按钮完成裁剪，效果如图 3-3 所示。

步骤 3　选择【图像】/【图像大小】命令，打开"图像小大"对话框，设置分辨率为"72 像素/英寸"，设置宽度和高度为 800 像素，单击 按钮，如图 3-4 所示，便可完成图像尺寸的设置。

图 3-3　裁剪完成

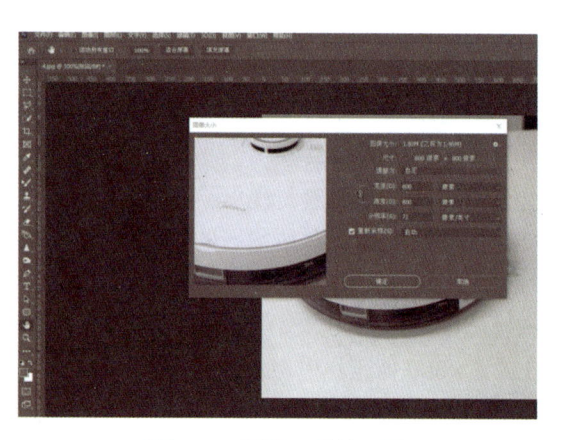

图 3-4　图片尺寸的设置

步骤4　选择【文件】/【导出】/【存储为 Wed 所用格式】命令，或者按 Ctrl+Shift+Alt+S 组合键，弹出"存储为 Wed 所用格式"对话框，在右侧设置图像的格式为"JPEG"，这里设置品质为"100"，如图 3-5 所示，可见文件大小为 134.3 K，如图 3-6 所示，品质越高，文件越大，单击【存储】按钮完成操作（配套资源：效果图/项目/扫地机.jpg）。

图 3-5　修改图片大小

图 3-6　显示文件大小

发凡举例

3-1 裁剪日照海鲜产品主页尺寸

本任务拓展将日照海鲜产品（配套资源：素材/项目 3-1 同步案例素材/日照海鲜产品.jpg）使用【裁剪】工具将裁剪比例设置成 1∶1，如图 3-7 所示，并"存储为 Wed 所用格式"，保存图像的格式为"JPEG"，设置品质为"100"，使其符合主页图片上传要求，如图 3-8 所示。

图 3-7　日照海鲜产品原图片大小

图 3-8　裁剪后图片大小

博物洽闻

高 手 秘 籍

B、KB（K）、MB（M）、GB（G）都是用来衡量图片存储所占空间大小的单位，最小的单位是 bit，1 B＝8 bit，1 KB＝1 024 B，1 MB＝1 024 KB，1 GB＝1 024 MB。

任务2　商品图片的调色

一、任务目标

当剪辑完商品图片的尺寸后，若发现部分商品图片拍摄得太灰暗、存在色差，商品信息采编人员还需要对拍摄的商品图片进行调色处理。

二、任务分析

光线的颜色、强弱，周围有色景物的反射，都可能导致拍摄的商品图片出现色差，这就要对色差的商品图片进行处理，恢复到真实效果。

三、任务实施

在商品拍摄时因为环境光线的原因，经常会拍摄出偏色的照片。在商品展示过程中，图片的质量会直接影响成交的结果。买家所看到的网店商品成品图都是经过后期处理再上传至店铺平台，只有经过后期处理的商品图片才能对买家产生更大的影响力，提高转化率。

如何用手机拍好一张好照片

例如，一张有色差的照片会使买家对商品实物出现偏色认知。导致的结果无非有两种，一种是客户流失；另一种是增加中、差评的概率。所以，李明在商品图片处理时，需要避免类似的问题出现。

1. 商品图片亮度调整方法一

解决图片发暗的问题可以使 Photoshop 中的【曲线】工具，其对于商品颜色调整比较简单有效。

先打开"童装毛衣外套.jpg"，调整图片的整体色调，然后调整商品颜色，具体操作步骤如下。

如何调整图片颜色

步骤1　打开"童装毛衣外套.jpg"素材（配套资源：素材/项目2/童装毛衣外套.jpg），选择【图像】/【调整】/【曲线】命令，打开"曲线"对话框或者按 Ctrl+M 组合键，在曲线上单击添加控制点，拖动控制点，调整明暗度与对比度，此处调整 S 型，增强对比度与亮度，如图 3-9 所示，可发现画面更加清晰，调整后的明暗度前后对比效果如图 3-10 所示。

图 3-9 打开曲线调整亮度

图 3-10 调整后的明暗度前后对比

步骤 2 选择【图像】/【调整】/【色彩平衡】命令或者按 Ctrl+B 组合键，出现"色彩平衡"对话框。由于图片整体偏红色，需要减少红色，提高蓝色，"色彩平衡"参数如图 3-11 所示，最终效果如图 3-12 所示。

图 3-11 色彩平衡参数设置

图 3-12　最终效果

2. 商品图片亮度调整方法二

图片的色彩丰满度和精细度由色阶决定。色阶是表示图像从暗到亮像素的分布情况，一般以波浪峰值的直方图表示，表现了一张图片中从暗到亮的各个层级中像素的分布数量。使用 Photoshop 中色阶工具，可以调整图片的亮度，选择【图像】/【调整】/【色阶】命令或按 Ctrl+L 组合键，弹出"色阶"对话框，如图 3-13 所示。

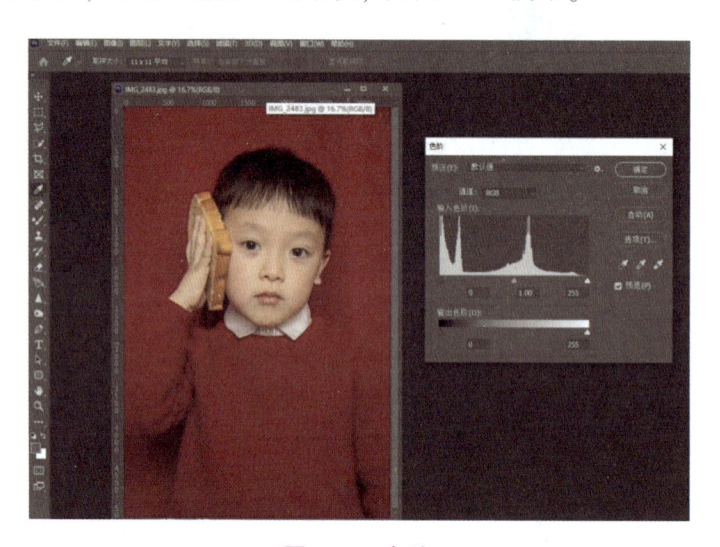

图 3-13　色阶

在【色阶】工具的使用中，最关键的是需要灵活调用图中的 3 个三角形滑块：黑色的三角形滑块用于调整图像暗度，其效果是使暗部更暗；灰色的三角形滑块用于调整中间色调，其效果可调亮也可以调暗；白色的三角形滑块用于调整图像亮度，其效果是使亮部更亮。由于商品图的模特处于画面正中间，需要将中间色调提亮突出商品，因此可将灰色三角形滑块向左滑动，反之，则是将亮度调暗，如图 3-14 所示。将图片亮度调整至满意的亮度后，保存下来即可，图片处理前后对比如图 3-15 所示。

图 3-14　色阶调整参数设置　　　　　图 3-15　处理前后对比

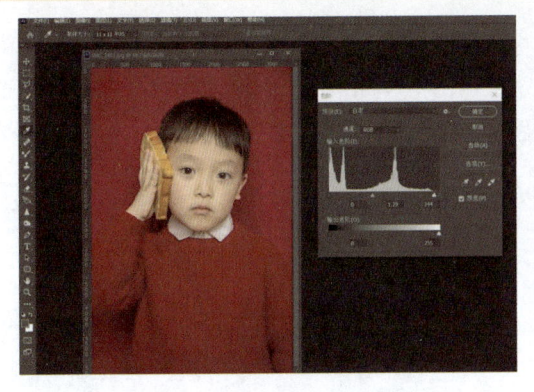

发凡举例

日照海鲜产品主页亮度调整

根据 3-1 同步案例裁剪后的日照海鲜产品主页因为颜色偏暗进行亮度的调整，可使用【曲线】命令进行调整，按 Ctrl+ M 组合键，再按住 Alt 键在网格内单击，便可在大小网格之间切换显示，小的网格更有利于精确调整。用鼠标在斜线上单击，再出现控制点后按住控制点向右下方调整，直至把颜色调整为合理色调，完成后即可保存，如图 3-16 和图 3-17 所示。

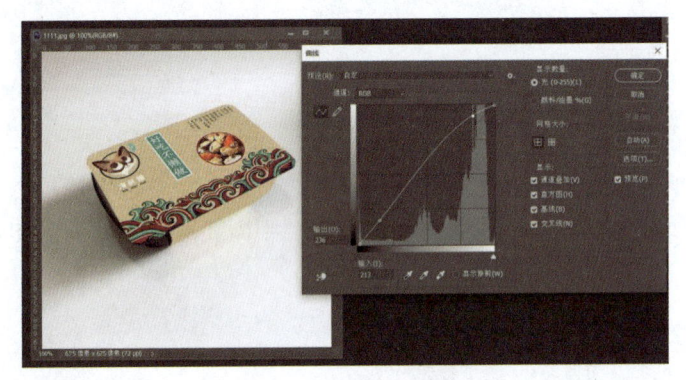

图 3-16　曲线工具调整

图 3-17　调整后的效果对比

> **职场透视**

职场小白操作色阶调整界面的小技巧

单击【色阶】命令,发现【色阶】面板中"通道"下拉列表框:用于选择调整通道,可调整复合颜色通道或单一颜色通道。

1. "输入色阶"栏

当阴影滑块位于色阶"0"处时,对应的像素颜色是黑色,如果向右移动阴影滑块,则 Photoshop 会将当前阴影滑块位置的像素值映射为色阶"0",即阴影滑块所在位置左侧的所有像素颜色都会变为黑色;中间调滑块默认位于色阶"1.00"处,主要用于调整图像的灰度系数,可以改变灰色调中间范围的强度值,但不会明显改变高光和阴影;高光滑块位于色阶"255"处时,对应的像素颜色是白色。若向左移动高光滑块,则高光滑块所在位置右侧的所有像素颜色都会变为白色。

2. "输出色阶"栏

用于限定图像的亮度范围,拖动黑色滑块时,其左侧的色调都会映射为滑块当前位置的灰色,图像中最暗的色调将不再是黑色,而是灰色;拖动白色滑块的作用与拖动黑色滑块的作用相反。

任务3　商品图片的多余部分处理

一、任务目标

商品信息采编人员在处理好商品的光线、明暗后,还需要进一步检查,当发现拍摄完的商品图片的背景或者商品上出现杂物和瑕疵时,则需要对拍摄的商品图片进行多余部分的处理。

二、任务分析

有瑕疵的商品图片直接影响着商品形象的展示效果,因此,很多时候需要对照片中的瑕疵进行消除,从而增加商品的展示效果。

三、任务实施

1. 修补工具瑕疵处理

下面,打开"保温杯.jpg"素材,对背景瑕疵进行处理,使整体效果更加美观,具体操作步骤如下。

步骤1　打开"保温杯.jpg"素材(配套资源:素材/项目3/保温杯.jpg),在工具栏中单击修复工具按钮,在需要去除部分的周围绘制选取,如图3-18所示。

步骤2　向相邻空白区域拖动,这里向上方拖动,通过上方区域覆盖需要去除的部分,如图 3-19 所示。

图 3-18　修补工具绘制选取　　　　图 3-19　拖动选取去除瑕疵

步骤 3　按 Ctrl+D 组合键取消选区，按 Ctrl+S 组合键保存文件，效果如图 3-20 所示（效果/项目 3/保温杯 .jpg）。

2. 污点修复工具瑕疵处理

食物摄影画面干净卫生是基础要求，零食坚果类商品也不例外。拍摄时，画面中的大污点或者易清理的脏点可以尽量避免，不可避免的是食物本身的瑕疵或不完美的地方。在后期修图时，首先需要把图片中的脏点、瑕疵和食品本身不完美的地方进行修复。

夏威夷果的果壳碎屑留在乳黄色的果仁上显得格外突兀，影响画面整体美感，而且果壳上也有大面积明显的污点，如图 3-21 所示。

如何修复图片的瑕疵

图 3-20　去除瑕疵后的效果　　　　图 3-21　污点影响图片质感

步骤1　打开"夏威夷果.jpg"素材（配套资源：素材/任务3/夏威夷果.jpg），单击工具栏中的【修复工具】按钮，选择【污点修复画笔工具】命令，在顶部属性栏中设置污点修复画笔属性，如图3-22和图3-23所示。

图3-22　选择污点修复画笔工具

图3-23　选择污点修复画笔属性设置

步骤2　在画笔属性选项中设置画笔类型为"内容识别"，则污点修复画笔工具会根据污点周围的图像自动无缝填充污点，修复小瑕疵的操作简单，效果明显。将光标移动到需要修复的污点上，单击鼠标左键，污点可以自动消除。在进行污点修复时，可根据污点的大小调整画笔大小和硬度。污点修复是耗时的精细工作，只有耐心地慢慢操作，才能得到理想的图片修复效果，如图3-24所示。

图3-24　效果对比

职场透视

职场达人教你快速去图片水印

打开"玉兔.jpg"素材（配套资源：素材/项目3/玉兔.jpg），在工具栏中单击修复工具按钮，在需要去除部分的周围绘制选取，如图3-25所示。向相邻空白区域拖动（向上方拖动），通过上方区域覆盖需要去除的部分，如图3-26所示。

· 52 ·

图 3-25　有水印的玉兔　　　　　　　　图 3-26　去掉水印的玉兔

职场透视

职场达人教你如何用好修图工具

去掉瑕疵的工具除了【修补工具】和【污点修复画笔工具】外，还有【修复画笔】工具，按住 Alt 键，单击干净区域，取样，然后涂抹脏污区域，就可以复制取样内容。同时，还要与周围内容进行智能识别，使其边缘融合过渡更加自然，达到自然的消除效果。但不适用于与周围环境有衔接的脏污处，因为边缘无法进行精确处理。【仿制图章】工具，按住 Alt 键，单击干净区域取样，然后涂抹脏污区域，即可一模一样复制取样内容。但不适用于随机纹理渐变的背景。【内容感知移动】工具，圈选需要移动的内容，往旁边移动并确定，即可将移动后的物体与周围相融合。但不适用于有明显变化或纹理的背景。如果想修图更省时高效，则需要先理解每个工具的使用原理，再根据图片特征灵活运用各种工具修图。

任务 4　商品图片的抠图与背景更换

一、任务目标

学会商品主图背景的设计制作，构图上富有创意，商品主图风格和基调要和背景风格保持一致。

二、任务分析

在制作商品主图、商品海报时往往需要抠取单个商品，以方便后期制作。

三、任务实施

1. 钢笔工具抠图

打开"日照绿茶.jpg"素材，将整个茶袋抠取出来，并替换到适合的背景中，具体操

商品信息采编

作步骤如下。

步骤1 打开"日照绿茶.jpg"素材（配套资源：素材/任务3/日照绿茶.jpg），在工具箱中单击钢笔工具 按钮，在茶袋边缘绘制路径如图3-27所示。按Ctrl+Enter组合键将路径转化为选区，如图3-28所示。

图3-27 在瓶子边缘绘制路径

图3-28 路径转化选区

步骤2 打开"日照绿茶背景.jpg"素材（配套资源：素材/项目三/日照绿茶背景.jpg），切换到"日照绿茶.jpg"窗口，使用移动工具 将日照绿茶包装袋选区拖动至背景中。此时可以发现，绿茶包装袋的大小及方向均与背景不够搭配，如图3-29所示。

步骤3 选择商品图片所在图层，按Ctrl+T组合键使呈编辑状态，拖动四角任意一角调整大小，再单击鼠标右键选择【旋转】命令，调整至合适的角度。如图3-30所示，按Enter键完成变换。

图3-29 移至背景

图3-30 调整大小角度

步骤4 在"图层"面板中双击商品图片所在的图层，打开"图层样式"对话框，单击选中"投影"复选框，将角度设置为"-20"，如图3-31所示，再单击 确定 按钮。

项目3 商品图片的基本处理

图 3-31 添加投影数值设置

步骤5 返回图像编辑区查看投影效果,如图 3-32 所示,然后按 Ctrl+S 组合键保存文件完成本例的制作(配套资源:素材/项目 3/日照绿茶背景.psd)。

2. 快速选择工具换背景

打开"男童.jpg"素材,单击工具栏【快速选择工具】按钮,并将其替换到适合的背景中,具体操作步骤如下。

步骤1 打开"男童.jpg"素材(配套资源:素材/项目 3/男童.jpg),在工具箱中单击快速选择工具 按钮,在该工具属性栏上方单击 选择主体 按钮。这时,"男童"已被转化为选区,如图 3-33 所示。

图 3-32 抠图换背景完成效果

图 3-33 选择主体载入选区

步骤2 打开"男童背景.jpg"素材(配套资源:素材/项目 3/男童背景.jpg),切换到"男童.jpg"窗口,使用移动工具 将男孩选区拖动至背景中,此时发现男童的大小

· 55 ·

与背景比例不合适，如图 3-34 所示。

步骤 3　选择商品图片所在图层，按 Ctrl+T 组合键使呈编辑状态，拖动四角中的任意一角来调整大小至合适尺寸，如图 3-35 所示，再按 Enter 键完成变换。

图 3-34　将男童移至背景　　　　　图 3-35　调节尺寸

发凡举例

玫瑰精华背景更换

本任务拓展将玫瑰精华（配套资源：素材/项目 3/玫瑰精华.jpg）更改到玫瑰花背景（配套资源：素材/项目 3/玫瑰花背景.jpg），如图 3-36 和图 3-37 所示。通过观察可以发现商品背景不是单一色彩，可以通过钢笔工具或快速选择工具进行选取为其更改背景，再为其添加投影。

图 3-35　玫瑰精华　　　　　图 3-36　更改背景效果

> **职场透视**

选区的基本操作

在 Photoshop 中处理图像时，指定进行编辑操作的有效区域叫作创建选区。创建选区时，可通过选择相关菜单命令，或按组合键创建选区。创建选区后，可对选区进行编辑，使选区更加精准。

（1）全部选择与反向选择：选择【选择】/【全部】菜单命令，或按 Ctrl+A 组合键，可为整个图像创建选区；创建选区后，选择【选择】/【反选】菜单命令，或按 Shift+Ctrl+I 组合键，可反向选择选区。

（2）取消选择与重新选择：创建选区后，选择【选择】/【取消选择】菜单命令，或按 Ctrl+D 组合键，可取消选择选区；选择【选择】/【重新选择】菜单命令，或按 Shift+Ctrl+D 组合键，可重新选择刚才取消选择的选区。

（3）移动选区：创建选区时，按住 Space 键并拖曳鼠标，可移动选区；选区创建完毕，将鼠标指针移动到选区内，当鼠标呈指针形状时，可移动选区。

（4）修改选区：创建选区后，选择【选择】/【修改】菜单命令，在弹出的子菜单中可选择【边界】/【平滑】/【扩展】/【收缩】/【羽化】菜单命令修改选区，在打开的对话框中可以修改选区参数。

（5）隐藏选区与显示选区：创建选区后，选择【视图】/【显示】/【选区边缘】菜单命令，或按 Ctrl+H 组合键，可以隐藏选区边缘虚线；再次选择该菜单命令或按该组合键，可显示选区边缘虚线。

（6）存储选区与载入选区：创建选区后，选择【选择】/【存储选区】菜单命令，可以存储选区；选择【选择】/【载入选区】命令，可以载入存储的选区和所选图层的选区。

> **固本培元**

一、单选题

1. PC 端电商店铺和跨境电商店铺主图尺寸为（　　）。
   A. 750 像素×1 920 像素　　　　　　B. 790 像素×800 像素
   C. 800 像素×800 像素　　　　　　　D. 600 像素×600 像素

2. 下列对商品详情页尺寸大小说法中错误的是（　　）。
   A. 淘宝详情页图片的宽度是 800 像素
   B. 天猫商品详情页的图片宽度是 790 像素
   C. 在移动端，电商店铺的商品详情页所有图片总大小不能超过 1 536 KB
   D. 商品图片宽度建议为 480 像素~620 像素，建议高度不超过 960 像素

3. 下面方法中不能创建路径的是（　　）。
   A. 使用钢笔工具　　　　　　　　　　B. 使用自由钢笔工具
   C. 使用添加锚点工具　　　　　　　　D. 先建立选区，再将其转化为路径

4. 选择【图像】/【调整】下的（　　）命令，可调整图像的亮度和对比度；选择

（　　）命令，可以调整图像中单个颜色成分的色相、饱和度和明度。

A．亮度/对比度　　　　　　　　　　B．色阶

C．色相/饱和度　　　　　　　　　　D．可选颜色

5．使用（　　）工具可以将图像中的某部分图像裁切为一个新的图像文件，这样可以方便、快捷地改变图像的尺寸。

A．裁切　　　　B．修复　　　　C．切片　　　　D．拾色器

二、多选题

1．商品主图的图片格式主要包括（　　）。

A．jpg　　　　B．GIF　　　　C．PNG　　　　D．psd

2．下列命令中属于色调调整命令的有（　　）。

A．色阶　　　　B．曲线　　　　C．色相/饱和度　　　　D．替换颜色

3．下列工具中可以进行编辑路径的有（　　）。

A．文字工具　　　　B．自由钢笔工具　　　　C．添加锚点工具　　　　D．钢笔工具

4．创建规则选区可使用的工具包括（　　）。

A．矩形选框工具　　　　　　　　　　B．椭圆选框工具

C．单行选框工具　　　　　　　　　　D．单列选框工具

5．用于修复图像中的杂点、蒙尘、划痕及褶皱工具有哪两个（　　）。

A．污点修复画笔工具　　　　　　　　B．修补工具

C．历史记录画笔工具　　　　　　　　D．图案图章工具

三、判断题

1．使用钢笔工具创建直线路径时，按住 Shift 键不放，可以创建水平、垂直或 45°方向的直线路径。（　　）

2．使用仿制图章工具时，需要先按 Shift 键定义图案。（　　）

3．打开曲线命令的组合键是 Ctrl+L。（　　）

4．淘宝商品详情页图片的宽度是 790 像素。（　　）

5．钢笔工具创建路径转化为选区的组合键是 Ctrl+Shift。（　　）

四、问答题

1．简述商品图片处理的工作流程。

2．怎样使用魔棒工具创建图像选区？

3．如何使用仿制图章工具复制图像？

融会贯通

用 Photoshop 制作淘宝详情页尺寸是有要求吗？

有很多的人并不知道用 Photoshop 制作淘宝详情页尺寸是有要求的。据业内专家介绍，淘宝主图既是淘宝的模板；同时，其也是淘宝平台为了方便店主自主设计淘宝店铺装修所使用的图片，所以针对淘宝店铺装修，主图尺寸必定是有一定要求的。

根据目前淘宝平台的相关规定，淘宝店铺装修主图的数量是 5 张。而在这 5 张淘宝主图当中，前 4 张属于普通的主图，并没有太高的要求。而业内专家建议淘宝的主图选择使

用正方形的图片，也就是长和宽的尺寸保持一致。而图片的大小也是有相应的要求，这是淘宝平台的规定，否则，若超出大小或尺寸不符合要求，就会无法上传至淘宝店铺。

思考题：

1. 淘宝店铺装修的主图尺寸是什么？
2. Photoshop 中哪些工具能够裁剪图片？
3. 商品主页上传淘宝要求文件的大小不超过多少？

笃行致远

一、实训目标

对商品图片进行色彩调整。

二、实训背景

某品牌女性衬衣拍摄的样图与实物颜色不符，模特皮肤颜色发黄，为了真实地向消费者展示其商品特点，需要对模特皮肤进行修改并对商品图片进行调亮，从而达到促销的目的。

三、实训要求

对"衬衣.jpg"图像文件进行调整，纠正发黄的皮肤颜色，使其恢复红润，然后使用"替换颜色"命令调整衬衣颜色，达到恢复为原本颜色的目的（效果参见：项目3素材/技能训练素材/衬衣.jpg）。

四、实训步骤

（1）打开 Photoshop 选择【图像】/【调整】/【色彩平衡】命令。
（2）调节各颜色数值变化。
（3）选择【图像】/【调整】/【曲线】命令，调整亮度。

五、实训成果

将衬衣图片调整到原本颜色，体现商品的真实性。

项目4　商品详情页的设计基础

【知识目标】
1. 了解商品详情页的基本构成。
2. 熟悉商品详情页的文案、图片的排版方式及色彩搭配方法。
3. 掌握设计美化各个模块的技巧。

【能力目标】
1. 能够完成商品详情页的文案排版。
2. 能够运用色彩搭配法则达到理想的视觉效果。
3. 能够使用软件对详情页进行排版和制作。

【素养目标】
1. 培养创意性思维,树立正确的艺术观、创作观。
2. 了解详情页操作规范的重要性,培养恪守法度、一丝不苟的工匠精神。
3. 通过创新性的实践实训,增加智力、美育和实践体验。

项目 4　商品详情页的设计基础

提要钩玄

```
                              ┌─ 规范字号
                              ├─ 排版结构
              ┌ 商品详情页 ────┼─ 根据重心排版
              │ 的文案排版     ├─ 居左、居右对齐排版
              │ 方式           └─ 相对平稳原则
              │
              │                ┌─ 选择合理的配色方案
商品详情      ├ 商品详情页的 ──┼─ 以产品主色调作为画面的主色调
页的设计 ─────┤ 色彩搭配       └─ 根据消费心理来选择色彩
基础          │
              │                ┌─ 上下构图
              │                ├─ 左（中）右构图
              │ 商品详情页的   ├─ 对角线构图
              └ 构图方式 ──────┼─ 斜切构图
                               ├─ 放射构图
                               └─ 底层构图
```

导入案例

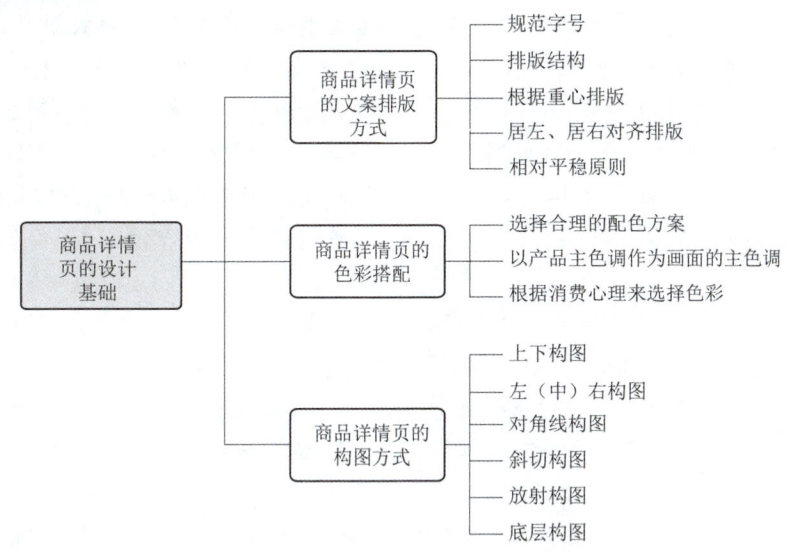

AI 模特"试衣"商品真实吗？能买吗？

1. 专家：商家应尽标识义务避免损害消费者知情权选择权

小巧的面庞、无瑕的肌肤、完美的身材比例，模特与身上的着装相得益彰，将服装衬托得更为合身、更显潮流……这是出现在某电商平台的一款商品图。但细细观察可以发现，试穿服装的模特似乎并非真人。私信店家后，对方爽快承认宣传图是由 AI 制图而成，"为了更好展现服装细节"。

《法治日报》记者近日调查发现，多个电商平台的不少商家已采用 AI 模特试穿服装展示商品。不仅如此，在电商平台上，还有一些店铺开始提供 AI 模特图制作服务，如"AI 绘图模特生成""假人换真人模特"等。

用 AI 模特"试衣"图进行宣传，呈现出的商品效果靠谱吗？消费者会买账吗？AI 模特"试衣"图是否可以随意制作使用，可能会面临哪些法律风险？

2. 细节之处差异明显，可能涉嫌虚假宣传

AI 模特"试衣"宣传图，衣服在模特身上严丝合缝，几乎一丝褶皱都没有，然而实物真的如此吗？

以"精美套装"等为关键词在各大电商平台上进行检索，发现有不少商品的宣传图为明显的 AI 模特"试衣"图。这些 AI 模特比较明显的特征是，身材曲线明显，四肢纤细，五官极其精致有漫画感，背景多为虚化的纯色作为底色。

例如，某电商平台一家有 6 000 人收藏的店铺，居于店铺好评榜第二名的是销量超 450 件的套装，其商品图是由一位金发碧眼的卡通头像模特呈现的，而套装和模特在照片

中都像被柔焦（指摄影中使用柔焦镜头或在镜头前面加柔焦滤镜等方法，使拍摄的影像达到细腻柔和的效果）了，一眼看上去像是一幅漫画插图。

下单该商品，收到货后打开发现，到手的套装和宣传图上差异甚大：颜色有出入，凭空多出来一块褶子，领口高度也不符。更令人无语的是，模特图上的衣服是落肩的灯笼袖，长度正好在手肘上方，而实物衣服的袖子却盖过了手肘，袖口也不能收紧。

在社交平台上的"AI模特"词条下，不少网友明确表示不愿为AI模特买单，不少网友认为，用AI模特展示衣服会增加网购踩雷的概率。有网友直言："都不让真人上身试穿，真的有人买吗""AI模特和人类的头身比例不符，哪有参考性呢""AI模特图生成后，实体商品也变虚拟了，真实性如何保证呢"。更有网友明确表示，"不会买任何AI模特图产品"。

3. 制作成本低廉高效，技术水平有待提高

为什么一些商家会愿意选择AI模特"试衣"图进行商品宣传？

有关业内人士告诉记者，这主要是一些网店为了节省拍摄成本。公开报道称，有商家将真人模特替换为AI模特之后，包括模特、摄影师等工作人员的费用及场地费、设备费等在内，当月成本节省了成本4万元左右。

"一些中小商家往往请不起模特，或者做不到十分精美的拍摄，AI模特可以帮助他们以较低的成本完成较高品质的产品展示。此外，一些特定拍摄需要外国模特等，选用AI模特会比现实中寻找一个合适的模特更方便快捷。"上述业内人士说。

在相应的需求之下，提供AIGC（AI Generated Content，人工智能自动生成内容）功能的软件越来越多。相关软件生成AI模特图的方式主要为：使用纯文字描述、文字加图片、图片加图片的方式，便可一键生成AI模特"试衣"图。

4. 商家应尽标识义务，警惕肖像侵权风险

为规范人工智能生成物的应用，国家互联网信息办公室等三部门审议通过了《互联网信息服务深度合成管理规定》，已于2023年1月10日起施行，其中明确提到，深度合成服务提供者和技术支持者应当加强技术管理，定期审核、评估、验证生成合成类算法机制机理。深度合成服务提供者和技术支持者提供具有生成或者编辑人脸、人声等生物识别信息的功能的模型、模板等工具的，应当依法自行或者委托专业机构开展安全评估。

另外，规定还明确，深度合成服务提供者提供人脸生成、人脸替换、人脸操控、姿态操控等人物图像、视频生成或者显著改变个人身份特征的编辑服务，可能导致公众混淆或者误认的，应当在生成或者编辑的信息内容的合理位置、区域进行显著标识，向公众提示深度合成情况。

国家互联网信息办公室等七部门审议通过的《生成式人工智能服务管理暂行办法》将于2023年8月15日起施行。其中再次强调，生成式人工智能服务提供者应当按照《互联网信息服务深度合成管理规定》对图片、视频等生成内容进行标识。

"在电商领域，特别是商品和产品服务展示图的过程中，AI的应用趋势不可避免。"中国法学会法治研究所研究员刘金瑞说，商家若使用AI进行商品展示，则需要遵守上述两部法律规范，充分告知消费者模特图是由人工智能生成以尽到标识义务；同时，还要符合适用场景的特殊监管规定，如广告法、电子商务法、消费者权益保护法等。

（资料来源：AI模特"试衣"商品真实吗能买吗？[EB/OL]. 人民网，2023-07-31，有删减）

任务1　商品详情页的文案排版方式

一、任务目标

商品详情页的设计很大程度上决定了消费者的购买欲望，优秀的详情页设计，不仅要有图片精美，文案也很重要，这就需要设计者掌握文案的排版技巧。

二、任务分析

为了更好地完成商品详情页的设计与制作，在设计前商品信息采编人员需要编辑商品详情页文案，通过文字对图片做进一步的讲解，让买家更了解宝贝，刺激消费。同时，商品详情页的文字排版也很重要，否则设计效果可能会截然不同。

三、任务实施

在商品信息采编过程中，除了写好品文案，商品文案的排版设计也相当重要。想要商品卖得好，转化率高，标题固然重要，但当买家进入店铺点开一件商品详情页，真正进入购买决策阶段时，最需要参考就是详情页，图文设计中的文字营销在详情页中是尤为重要的一部分。文字营销不仅仅是对商品的简单描述，即使是一模一样的文字，在经过设计师化腐朽为神奇的排版后，这些图文带给买家的体验会完全不同。那么，商品详情页的文案如何进行排版呢？

1. 规范字号

排版的目的是帮助买家整理信息，提升阅读效率，所以，需要给文字分组、划分层级关系。文字最重要的属性是可读性，且不管排版形式如何，首先要让买家看清、看懂，然后才要谈排版形式、美观、协调、设计感等。

现在的电商详情页，买家使用场景几乎都来自手机端，文字小了会看不清，文字大了又会过于粗暴、缺少精致感，所以主副标题文字的大小应该在什么范围，才能兼顾可读性和设计美感呢？

下面以6.5英寸屏幕的 P50 pro 手机为例，经过多次对比实验得出一个可以参考的字号范围：主标题：50~80 px、副标题：26~36 px，如图4-1所示。

2. 排版结构

详情页的文字排版结构相对来说并不复杂，常见的对齐方式有以下三种：左对齐、居中对齐、右对齐，如图4-2所示。

图 4-1　参考范围字号排版

图 4-2　详情页文字对齐方式

以上是最基础的文字对齐方式，但是在实际工作中，一般还会用到线条、英文、图案等装饰元素，可使整体排版变化丰富、平衡、有设计感，如图 4-3 所示。

图 4-3　详情页文字设计

无论排版怎样美化，其基础排版结构、对齐方式还是没有发生变化，所以我们能在这三种基础的排版结构上变化出很多不同的视觉呈现形式。

3. 根据重心排版

设计中的每个元素在视觉上都具有一定的"分量感"，当需要文字排版时，我们可以根据画面重心来选择排版形式，这也是工作中很常用的文字排版思路。

正如上文所说的那样，居中对齐使排版重心更稳，自然也更适合用在相对平稳的构图中，如图 4-4 所示。

不管产品怎么摆放，只要画面重心始终相对平稳，居中对齐的排版就很好用，也是最不容易犯错误的排版方式，如图 4-5 所示。

图 4-4 重心排版样版

图 4-5 重心排版效果图

4. 居左、居右对齐排版

左右对齐排版，居左和居右本质上没太大区别，无非就是我们习惯的阅读方式是从左往右，出于用户习惯的原则，左对齐相对而言用到的会多一些。一般情况下，当画面重心不平稳时，可以考虑通过文字排版、装饰元素等来平衡，所以这时候就会用到居左、居右对齐排版，如图 4-6 所示。

当重心偏向一侧时，根据情况选择居左或者居右对齐排版就变得顺理成章，如图 4-7 所示。

如何居中对齐排版

图4-6 左右对齐排版样版

图4-7 左右对齐排版效果图

在设计工作中，仅依据重心排版虽然很常用，但是如果都按照重心原则排版，形式上难免过于单一，而且也有些许局限性。当文字排版前的画面重心相对稳定时，也没有按照上述所说的重心原则，但一定要用居中排版的形式，如图4-8所示。

5. 相对平稳原则

因为电商详情页的使用场景更偏向手机端，而且现在都是按照手机一屏的尺寸为单位

项目 4　商品详情页的设计基础

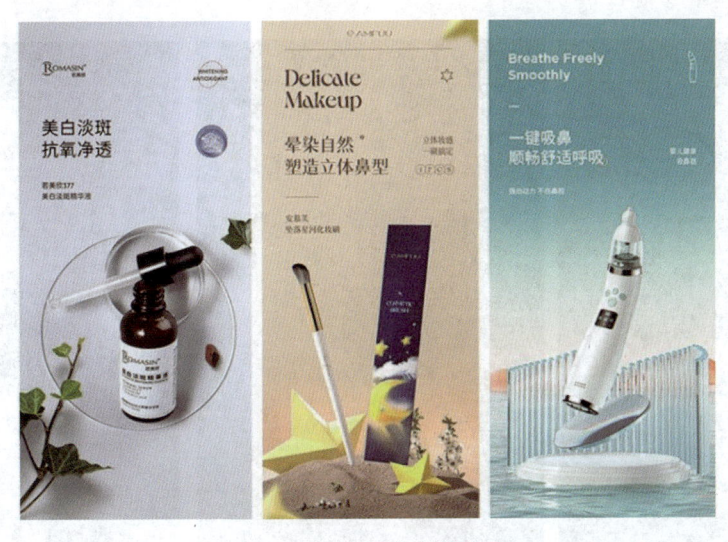

图 4-8　适当居中排版效果

划分模块，所以图文的形式大多数情况下都是上下结构。

　　受其结构的特质影响，详情页排版相对而言并不复杂，不像首页、海报、平面类设计那样，需要太多的版式结构，所以很少会出现故意营造画面重心不稳，用作突出强调的。

　　在详情页文字排版的过程中，画面重心并不是影响排版结构的唯一因素，还会受画面结构、每一屏尺寸、文字可阅读性、整体布局等的影响。如图 4-9 所示，虽然图中两个产品的高度尺寸不同，但两个产品所占的直觉比重是差不多的，整体的视觉重心就相对平稳。所以就出现了相对平稳原则，理解起来很简单：就是利用英文、线条、图标、数字等装饰元素或必要排版元素平衡画面，营造视觉上的相对平稳即可。原则上来说，相对平稳原则适用于绝大部分详情页的文字排版工作。这就说明重心明明很平稳，有很多详情页案例中的文案不用居中对齐也能做得很出彩的原因："他们做到了视觉上的相对平稳"。

图 4-9　产品视觉相对平稳图

发凡举例

文字重心排版

本任务将图 4-10 进行文字重心排版进行设计，注意字号大小的位

如何实现左右构图

· 67 ·

置安排，设计的参考效果如图 4-11 所示。

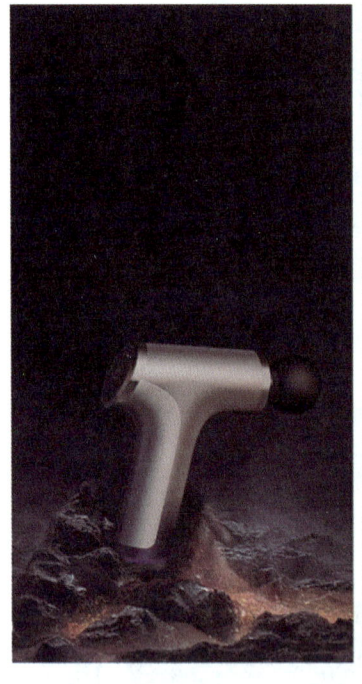

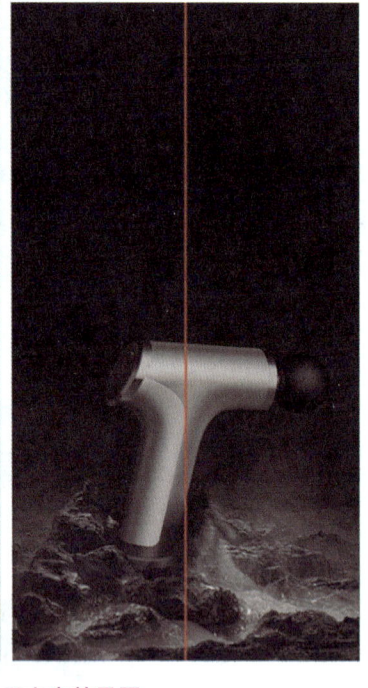

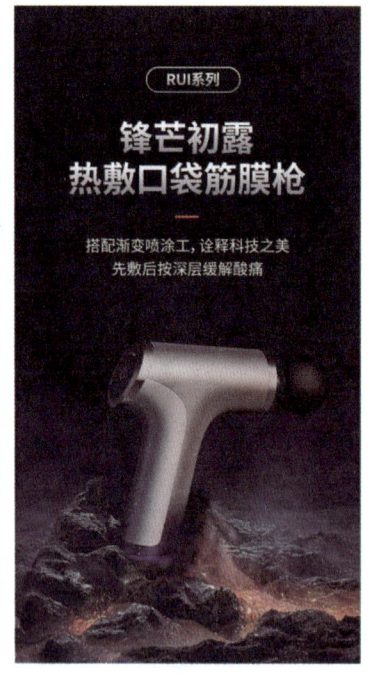

图 4-10　无文字效果图　　　　图 4-11　重心文字排版效果图

职场透视

详情页文字排版注意要点

（1）重要文案利益点要居中，可以自己设计一些特殊的字体。

（2）设计时使用的字体不宜超过三种，同时也要注意字型也不要超过三种。字体不要过于花哨，不能使用不能识别的字体（当然网红的除外）。

（3）文案的层次 3~4 之间为最佳，字间距要小于行间距。字体不宜太大，要小而精致。

任务 2　商品详情页的色彩搭配

一、任务目标

商品详情页如何搭配色彩进行图片修饰也是吸引顾客流量，提高转化率的重点之一，因此商品详情页设计的视觉美感对于买家而言非常重要。掌握色彩选择与搭配会给买家造成强烈的视觉冲击，是商品视觉营销的第一步。

二、任务分析

在某种程度上来说，色彩控制的好坏将直接影响消费者在详情页的停留时间。那么电商商品详情页的色彩设计必须掌握搭配技巧。

三、任务实施

在商品详情页的设计过程中，色彩设计非常重要。据研究，人们在观察物体时，最初20秒内，色彩感觉占80%，商品详情页的色彩设计常用方法有三种。

1. 选择合理的配色方案

如黑白灰这种基础的色彩可以很好地传达高级感和现代感，如图4-12所示，但是大面积使用无彩色也会让人感到非常枯燥、单调。高饱和度、高明度的色彩有着很强的视觉冲击力，但是大面积使用会导致画面非常鲜艳、刺眼，庸俗而缺乏品质感，还容易让人产生视觉疲劳。

色彩作为视觉的第一感知元素，色彩的饱和度和明度影响色彩呈现给人的感受，比较通用的方法是，使用黑白灰这种无彩色作为主色调，然后再使用一种高饱和度的亮色作为辅助色，如白+黄、黑+红，这样既能保持整体色彩的简约，又可以起到吸引消费者注意力的作用，如图4-13所示。

图4-12 黑白灰主色调效果图 　　图4-13 黑白灰加有彩色效果图

2. 以产品主色调作为画面的主色调

在设计商品详情页时，不同的商品类目在色彩运用上也有所不同，主色调应根据其消费者的视觉感受而定。

同色系一直被认为是一种非常高级的色彩组合，使用同色系不同色调的配色可以让画面表现出丰富的层次感，营造高级、品质的氛围，如图4-14所示。在设计电商详情页时，我们同样可以应用这种单色美学。

巧克力是情人节常见的节日礼物，往往搭配花卉、爱心、蝴蝶结等元素。但是我们可以跳出固定思维，采用巧克力本身的色彩属性来进行色彩设计。巧克力电商详情页设计模板如图4-15所示。

图4-14 单色主色调效果图　　　　　　　图4-15 巧克力电商详情页设计

巧克力照片的颜色以黑色、咖色、棕色为主，画面整体给人的氛围是非常安静的。因此我们可以选择黑色为主色调，在辅助色的选择上，采用与产品同色系的深咖色和棕色，通过同色系的明暗对比来制造画面的色彩节奏感。

3. 根据消费心理来选择色彩

色彩对视觉有刺激作用，这就决定了消费者在阅读电商详情页时的视觉感受，进而影响对商品的认知。因此，在制作电商详情页时，我们还需要考虑不同的消费群体对色彩的偏好。

设计护肤行业的电商详情页，如图4-16所示。可以通过色彩设计来带给消费者在情感方面的舒适观感和信任。护肤领域的设计常用蓝色、绿色这些冷色调色彩，通过自然、环保、干净等色彩联想，让消费者对产品留下安全、有效、清新、不刺激等认知。

图4-16 护肤产品电商详情页设计

图 4-17 是修复皮肤产品的电商详情页设计模板,色彩以灰白调为主,并使用少量绿色作为点缀色,颇具生活气息和自然味道。背景采用淡淡的大理石花纹,整体给人的感觉非常简约、纯净、安全。

图 4-17　修复皮肤产品的电商详情页设计

博物洽闻

商品详情页中色彩搭配小妙招

(一) 商品详情页中比较常用流行色

1. 白纸黑字是永远的主题。

黑白搭配本身就是一种让人舒心的美,而顾客又怎能不动心呢?

2. 蓝色——蓝天白云,沉静整洁的颜色。

你永远会被蓝白搭配所折服。谁也不可能一下子否定某种颜色,不同的款式遇到不同的色彩,会呈现出不同的风格气质。然而蓝白相间,比较常见也比较自然,不似黑白那么浓烈,色彩奇遇中,蓝白妙处可循。

3. 绿色——绿白相间,雅致而有生气。

很多时候,人们希望通过白、绿色的搭配表达如圣洁、永恒、纯情、清新、静雅、有生机等含义。用好简单的白、绿色,就能够准确表达上述含义。绿白搭配丰富的内涵可见一斑。

4. 橙色——活泼热烈,标准商业色调。

5. 暗红——凝重、严肃、高贵,需要配黑和灰来压制刺激的红色。

另外,女性化的店铺是淘宝店铺的重要市场,紫色与紫红色都是非常女性化的颜色,它给人的感觉通常都是浪漫、柔和、华丽、高贵优雅,而粉红色更是女性化的代表颜色。不同色调的紫色可以营造出非常浓郁的女性化气息,而且在灰色的突出颜色的衬托下,紫色可以显示出更大的魅力。

(二) 商品详情页配色的忌讳

忌脏——背景与文字内容对比不强烈，灰暗的背景令人沮丧。

忌纯——艳丽的纯色对人的刺激太强烈抗议，缺乏内涵。

忌跳——再好看的颜色，也不能脱离整体。脱离群众是无根之木。

忌花——要有一种主色贯穿其中，主色并不时面积比较大的颜色，而是比较重要，比较能揭示和反映主题的颜色，就像领导者一样，虽然在人数上居少数，但起决定作用。

忌粉——颜色浅固然显的干净，但如果对比过弱，就会显得苍白无力，毫无生气。另外，蓝色忌纯，绿色忌黄，红色忌艳。

任务3　商品详情页的构图方式

一、任务目标

选择合适的结构对商品图片和文案进行排版，构图形式的好坏决定着详情页最后效果的成败。良好的构图形式可以使详情页版面的主次分明，各种构成元素互相呼应，整体协调统一且具有形式美感。针对不同的主题和产品性质，需要采用不同的版面构图形式，才能将画面信息准确地传达给消费者，并且带给消费者独特的视觉感受。

二、任务分析

电商视觉是一秒钟战争的领域，效率就是最有力的武器装备，要分秒必争地抢占商机，要一鸣惊人地争夺眼球，要做出意料之中却想象之外的广告效果，要不断探索合理的构图方式，在主图体现产品的款式、风格、颜色等多个特征，一张诱人的主图可以节省一大笔推广费用。李明等人的项目小组开始争分夺秒地对商品详情页进行构图设计……

三、任务实施

商品详情页的商品图片与文案构图方式会影响其整体视觉，详情页设计在构图及版式方面并不需要很复杂，反而干净整齐的画面更易于视觉表达。下面介绍几种常用的构图方式。

1. 上下构图

上下构图分为上图下文和上文下图两种，一般用于宽度较小、高度较大的竖屏模式，如图4-18所示。该构图模式在移动端应用较多。

2. 左（中）右构图

一般左图右文或者左文右图，以及两侧为商品图片、中间为文案。一般用于宽度较长、高度较短的横屏模式，如图4-19所示。该构图模式常用于详情页海报图、细节图等的制作，可给人稳定可靠的感觉。

如何实现左右构图

图 4-18 上下构图　　　　　　　　　图 4-19 左右构图

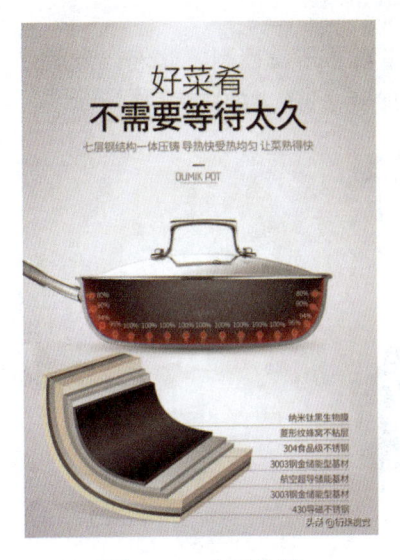

3. 对角线构图

对角线构图法就是在画面的两个对角连成一条引导线，将画面沿着引导线进行分布。可以是直线，曲线，甚至是折线等，只要是遵循整体画面的延伸方向往两个对角延伸的，都为对角线构图法。图 4-20 就利用了这种构图法。

图 4-20 对角线构图

对角线构图的特点在于它呈现的视觉效果是倾斜的，引导线可以带着观众的视线"走"遍整个画面。把画面安排在对角线上，更具立体感、延伸感和运动感。同时对角线构图法可以增强画面的纵深感。使得画面变得更加有张力。主要运用于海报和产品实物图当中。

4. 斜切构图

斜切构图会使画面显得活跃、时尚、动感,但是画面平衡感不易控制。此外,为了方便阅读,斜切构图的文案一般往右上方倾斜,倾斜角度不宜超过30°,如图4-21所示。

图4-21 斜切构图

5. 放射构图

放射式构图法如图4-22所示。放射式构图法也称为"向心式构图"。以主体为核心,景物呈向四周扩散放射的构图形式,也是拍摄时,将产品呈四周扩散的方式摆放的一种构图方法。

6. 底层构图

在含有商品的背景上绘制圆形、矩形、三角形等形状,形状一般为半透明,再在形状上放置文案,如图4-23所示。该构图方式比较灵活,画面美观、平衡,常用于服装、化妆与护肤类商品的设计,重点突出文案。

图4-22 放射构图　　　　图4-23 底图构图

📘 发凡举例

制作无线 USB 鼠标主图

为无线 USB 鼠标制作主图，在进行首张主图设计时，需要体现无线 USB 鼠标便捷的特点，其他几张主图可以展示不同角度的细节、颜色等信息，效果如图 4-24 所示。

图 4-24　无线 USB 鼠标效果图

📘 博物洽闻

商品详情页设计小技巧

一般来说，商品详情页的好坏直接决定着网点商品的成交与否。设计详情页时，不能太简单也不能太繁杂。下面对商品详情页的设计要点进行介绍。

1. 逻辑清晰

一篇完整的商品详情页往往由多个模块组成。通过观察众多商品详情页可知，在设计商品详情页模块时，首先通过焦点海报图展示商品，然后将商品的卖点描述清楚，给出实惠让消费者心动，最后通过品牌或者服务树立信任达成交易。

2. 风格统一

商品详情页的用色、字体、排版方式等应具有协调统一性，各个模块之间的版式分割要统一。一般柔和的曲线分割，适合一些偏女性母婴的商品。利落的直线条/斜线条分割适合数码类、运动类等偏男性的商品。使用形状进行分割时需要保持形状的统一，过多的形状会导致页面混乱。

3. 差异化文案

在商品详情页中编写商品文案时需要有创意，这样才能从众多商家中脱颖而出。如迷你充电宝文案使用"小巧轻便"这四个字并不会给消费者留下深刻的印象,但是换一句话"小得就像手机充电头",就能明确告诉消费者此款迷你充电宝的大小,从而更具画面感。

4. 忌过度夸张

商品详情页要与主图、商品标题相契合,商品详情页必须真实地介绍出商品的属性。若过度夸张商品属性,反而容易引起消费者反感。例如,对于祛痘商品,一位商品信息采编人员不停宣传祛痘效果多么明显,并放上祛痘前后的对比效果,而另一位商品信息采编人员在宣传商品的功效时,则温馨提示消费者"在使用该款商品时,需保持规律的作息,少熬夜、少吃油腻食物,注意脸部清洁,效果会更好"。后者这样更温馨、贴合生活的提示更加人性化,也更容易取得消费者的信任。

固本培元

一、单选题

1. 电商视觉服务公司的商品图片美化由文案人员和( )共同完成。
 A. 摄影师　　　　B. 主管　　　　C. 美工人员　　　　D. 设计师
2. 拍摄单个商品时,比较合适的构图方式是( )。
 A. 竖向构图　　　B. 对角线构图　　C. 中心构图　　　D. 井字构图
3. ( )构图方式是以三个视觉中心为元素的主要位置,形成一个稳定的三角形。
 A. 九宫格　　　　B. 对角线　　　　C. 三角形　　　　D. 黄金分割
4. ( )搭配方式的搭配效果画面和谐、平衡性强。
 A. 同色系搭配　　B. 相邻色搭配　　C. 间隔色搭配　　D. 互补色搭配
5. ( )是以商品为核心,文案配合图形呈向四周扩散放射的构图形式。
 A. 上下构图　　　B. 斜切构图　　　C. 放射构图　　　D. 底层构图

二、多选题

1. 商品详情页的文案排版原则包括( )。
 A. 文案不能干扰商品展示
 B. 文案不能破坏营造的氛围
 C. 文案应该放置于商品展示的下方
 D. 文案信息具有主次之分
2. 在商品详情页设计中,常用的色彩搭配有( )。
 A. 同色系搭配　　B. 相邻色搭配　　C. 间隔色搭配　　D. 互补色搭配
3. 以下各项中属于常见的商品详情页构图方式的有( )。
 A. 上下构图　　　B. 左(中)右构图　C. 对角构图　　　D. 底层构图
4. 商品详情页的设计要点包括( )。
 A. 逻辑清晰　　　B. 风格统一　　　C. 差异化文案　　D. 忌过度夸张
5. 常见的构图方法有( )。
 A. 中心构图　　　B. 九宫格构图　　C. 对角线构图　　D. 三角形构图

三、判断题

1. 井字构图指将画面用两横两竖划分为9等份,将所拍摄的商品主体放在中间4个交

叉点的任意一个点上，再进行拍摄的构图方式。（　　）

2. 文案分主文案、副文案、辅助文案和装饰文案。（　　）

3. 竖向构图指将商品竖向放于画面中心拍摄的构图方式。（　　）

4. 对角线构图指将商品斜向摆放，与画面呈对角线的构图方式。（　　）

5. 设计扁平化指放弃不必要的装饰效果，通过丰富的色彩和有趣的图形来传达信息。（　　）

四、问答题

1. 常见的构图方式有哪些？
2. 在进行商品拍摄的构图时，需要注意哪些方面的问题？
3. 商品详情页中的商品图片与文案构图方式有哪些？

融会贯通

差异化文案案例分析

　　有点击才有转化，首先得在主图上下功夫，主图要有差异化，吸引顾客眼球，先点击进来。至于能否促成转化，除了产品是否满足需求外，详情页的设计也很重要，什么代入场景、突出卖点、引导收藏等，都能在详情页中体现。现在的产品及其卖点，同质化很严重，大家基本上都是抠来抠去，缺乏创意。如果无法吸引消费的注意哪怕你的图片拍得很炫，参数、角度、功能一应俱全，销量还是上不去。比如，一家图片上写着"卖假，我不是人"，还放上店主照片；另外一家图片是工匠制作模样，还有详细参数。

　　思考题：

1. 你会选择点击哪一个？
2. 选择的理由是什么？

笃行致远

一、实训目标

设计一款儿童牙膏的商品详情页。

二、实训背景

淘宝平台为了庆祝六一国际儿童节，以保护儿童牙齿为线索推出买一送一的优惠大促销，特设计一张儿童牙膏的详情页。（配套资源：项目3素材/技能训练素材.jpg）

三、实训要求

要求突出儿童牙膏商品属性特点、文案幽默可爱、构图得当、色彩搭配合理。

四、实训步骤

1. 尺寸设置：符合淘宝详情页尺寸要求。
2. 详情页图片排版：对多个图片进行设计组合。
3. 文字排版：添加文案并对文字的大小、字体、色彩进行设计。
4. 色彩搭配：针对商品及用户人群进行色彩合理搭配。

五、实训成果

形成一幅文字、图片排版合理、整体色调符合本产品的商品属性、卖点突出的详情页。

项目 5　服饰配件类商品采编与优化

【知识目标】
1. 掌握商品图片和短视频的拍摄方法。
2. 掌握商品主图、海报和详情页的构图方式。
3. 掌握商品短视频优化流程。

【能力目标】
1. 能够完成服饰类商品图片和短视频的拍摄工作。
2. 能够完成服饰类商品主图、海报和详情页的设计工作。
3. 能够完成商品短视频的优化工作。

【素养目标】
1. 养成做事情有条理，严谨的工作态度。
2. 体验中国传统工艺的魅力，增强民族自豪感，提升文化自信。

提要钩玄

服饰配件类商品采编与优化
- 汉服拍摄
  - 汉服卖点分析
  - 汉服拍摄思路
  - 汉服挂拍
  - 汉服平铺拍摄
  - 模特摆拍
  - 汉服视频拍摄
  - 汉服摄影技巧
- 汉服商品图片与短视频优化
  - 汉服商品图片处理
  - 汉服商品主图制作
  - 汉服商品海报制作
  - 汉服视频片头制作
  - 汉服视频剪辑
  - 为视频添加背景音乐
  - 为汉服视频添加字幕
- 汉服商品详情页设计
  - 制作卖点展示部分
  - 制作产品信息部分
  - 制作细节赏析部分
  - 制作模特展示部分

导入案例

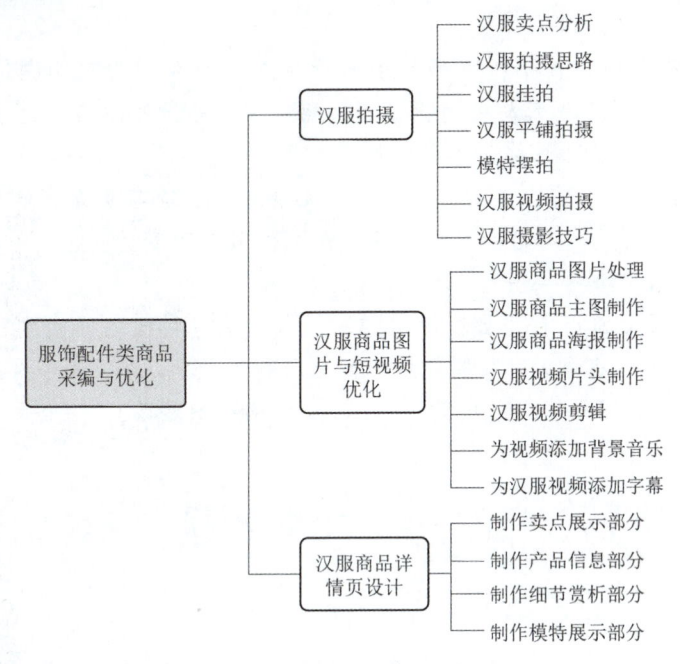

党的二十大报告提出，要发展社会主义先进文化，传承中华优秀传统文化，满足人民日益增长的精神文化需求。增强中华文明传播力影响力，坚守中华文化立场，推动中华文化更好走向世界。随着"汉服热"和"古代美学"思潮的兴起，汉服产业这个小市场正逐步走向大众视野。2020年，我国汉服爱好者达到516.3万人，汉服市场规模达到63.6亿元，同比增速超过40%。网上销售的汉服大多来自山东菏泽，具体来说是来自菏泽曹县大集镇。中国一线城市"北上广曹""宁要曹县一张床，不要上海一套房"，山东曹县在社交平台上一炮而红，成为炙手可热的网红城市。

根据巷议数据抓取的淘宝汉服爆款省份分布情况来看，在188件汉服爆款商品中，有76件来源于山东。曹县约有汉服及上下游相关企业2 000多家，原创汉服加工企业超过600家，当地经电商渠道卖出的汉服产品已经占据到全国汉服线上销售额的1/3。2019年全县汉服电商销售额近19亿元。2019年曹县大集镇从事汉服生产的电商企业达到286家，全年汉服销售额为13亿元。曹县作为县级单位，人均GDP目前已超过3.2万元，在中国县域经济百强县中榜上有名。

怎样做好汉服？曹县人有自己的生意经。首先，找准需求和定位。当下全国都在推崇传统文化，年轻人对新事物的接受程度非常高。基于年轻人的需求，曹县的汉服店主们经常拿着设计的新款式深入街头和学校做市场调研，了解他们的需求，倾听他们的想法与建议。其次，对于18~30岁的消费群体，他们普遍收入不高，消费不起高档汉服。山东曹县汉服店主们瞄准了平价汉服，将产品价格多数定位在100~500元，迅速占领市场。然后，迅速付诸实施。找准定位后，店主们迅速加入政府组织的专业电商课程培训，注册自己的公司和商标，迅速打开电商市场。最后，勇于创新。曹县人深知，做好汉服不仅要传承经典，还要在传统与现代之间找到一个平衡，所以，他们在汉服的设计上不遗余力地进行大刀阔斧地创新。

在强大经济实力的支撑下，越来越多的青年选择回乡创业，其中包括中科院博士胡春青。胡春青是曹县大集镇胡楼村里走出的第一名博士，2018年，还在中国科学院金属研究所攻读博士学位的他回乡一边继续攻克课题，一边帮助爱人一起创业，经营演出服装和汉服。仅2021年第一季度的销售额就有300多万元，全年更是突破千万元。曹县大集镇电商的发展，吸引了7 000余名外出务工农民和700余名大学生返乡创业，其中包括14名硕士研究生、2名博士研究生。

（资料来源：三分汉服看曹县！传承创新，在传统与现代之间找到平衡［EB/OL］. 大众网，2021-05-09. 有删改。中科院博士回曹县帮妻子卖汉服：3个月入账三百万，一件高定卖出3.5万元［EB/OL］. 前瞻网，2021-06-09. 有删改）

任务1　汉服拍摄

一、任务目标

李明顺利通过了岗前培训考核，正式走向了管理培训生的工作岗位。根据工作需要，李明接下来需要加入具体的工作项目，用轮岗的形式不断提升个人工作能力。

现有一家名为八荒原创的汉服淘宝店铺，需要上架一款女士汉服，店铺将拍摄订单委托给了李明所在的公司。李明也进入了公司项目小组作为助手，一同开展工作。公司拍摄老师在拿到汉服样品后开始对商品进行拍摄，将汉服的特质通过商品图片和视频表现出来，为后期商品图片的处理做好准备。

二、任务分析

本任务中的服饰是一件具有中国传统文化特色的汉服，为了更好地展现汉服的视觉效果，负责拍摄的工作人员需要对汉服的卖点进行分析，梳理拍摄思路，再通过摄影充分表现出汉服的雍容华贵、图案精美、外形美观等特点。另外，在拍摄过程中，还需要注意服饰配件类商品的拍摄技巧，最后呈现出与众不同的汉服图片作品。

三、任务实施

1. 汉服卖点分析

在正式拍摄汉服之前，需要仔细阅读厂家提供的产品参数，了解汉服的材质、做工、特色等，并提炼分析出汉服的卖点。本例汉服的卖点总结为以下六点。

（1）厚实艳丽：特质色织妆花面料，质感厚实，触感舒适，不易产生褶皱。

（2）色彩缤纷、图案丰富：多种颜色、图案设计精美，富有文化底蕴。

(3) 精心缝制：走线平整，针脚细密，做工精细。
(4) 不褪色、不变形：可以手洗，也可以机洗，不褪色、不变形。
(5) 开衩设计：更飘逸、更舒适。
(6) 纽扣设计：子母扣设计，穿脱方便，彰显尊贵。

2. 汉服拍摄思路

对汉服进行卖点分析后，接下来主要从以下四个方面进行汉服的拍摄：汉服挂拍、汉服平铺拍摄、模特摆拍，以及汉服视频拍摄。另外，在拍摄时还需要选择拍摄背景，选择合适的相机并对相机拍摄参数进行设置，所用的相机拍摄主要参数如图 5-1 所示。

照相机型号	Canon EOS 5D	照相机型号	Canon EOS 5D	照相机型号	Canon EOS 5D
光圈值	f/5.6	光圈值	f/10	光圈值	f/5
曝光时间	1/125秒	曝光时间	1/125秒	曝光时间	1/125秒
ISO速度	ISO-200	ISO速度	ISO-200	ISO速度	ISO-500
曝光补偿	0	曝光补偿	0	曝光补偿	0
焦距	70 mm	焦距	70 mm	焦距	105 mm
最大光圈	3	最大光圈	3	最大光圈	4
测光模式	图案	测光模式	图案	测光模式	点
目标距离		目标距离		目标距离	
闪光灯模式	闪光，强制	闪光灯模式	闪光，强制	闪光灯模式	无闪光，强制
闪光灯能里		闪光灯能里		闪光灯能里	
35mm焦距		35mm焦距		35mm焦距	

图 5-1　相机拍摄主要参数

3. 汉服挂拍

服饰悬挂拍摄可以直接利用现有场景，方法简单、方便、易操作，并且拍摄出来的商品具有的立体感。使用衣架将熨烫平整的汉服挂起来，然后从两侧为其打光，模拟模特着装时的效果。拍摄时要保证相机与汉服位于同一水平线上，且从汉服前面进行拍摄，以展示其雍容大气、图案精美的特点。此外，还可以拍摄多件汉服，以展示汉服的不同颜色、款式等。图 5-2 所示为单件汉服的挂拍效果。

图 5-2　单件汉服挂拍效果

4. 汉服平铺拍摄

将商品平铺于水平台面上拍摄，易于展现商品的材质、细节等。拍摄时，宜采用柔和的灯光，还要注意服饰摆放的规整性。本例中的汉服以浅色调为主，为避免出现色差，突出产品纹理特点，需选择白色的摄影台作为背景拍摄。通过平铺拍摄可以把汉服的图案、色彩、做工、布料等细节全部展示出来，增强消费者对汉服的了解和信任。平铺拍摄可以从以下七个方面对商品进行展现。

（1）整体效果展示：将熨烫平整的汉服平铺在摄影台上，正面俯拍整体，展示汉服的外观效果，如图5-3所示。

图5-3　汉服平铺拍摄效果

（2）领口特写：通过微距镜头俯拍领口部分，展现领口形状、缝制工艺、纽扣样式、材质等细节，如图5-4所示。

中国传统服饰
纹样中的美好寓意

图5-4　汉服领口拍摄效果

（3）门襟特写：通过微距镜头俯拍门襟图案做工，展现门襟的宽度、缝制工艺、图形细节等，如图5-5所示。

图5-5 汉服门襟拍摄效果

（4）裙摆特写：通过微距镜头俯拍汉服裙摆，展现裙摆褶皱宽度、工艺、图案等细节，如图5-6所示。

图5-6 汉服裙摆特写效果图

（5）标签特写：通过微距镜头俯拍汉服的水洗标签，且通过黄金分割构图方式表现画面。通过将标签内容安排在黄金分割点附近，既能避免呆板的对称式构图，又能使标签主题突出，可以更清楚地展现汉服的品牌、成分、等级等信息，如图5-7所示。

图5-7 微距拍摄标签效果

（6）造型拍摄：可以将不同颜色的布料、成品叠放在一起，采用三角形构图方式拍摄来展现出不同花色的服饰，供消费者选择，如图5-8所示。

图5-8 造型拍摄效果

5. 模特摆拍

采用模特摆拍是比较主流的拍摄方式，能够展示商品真实的穿戴效果。真人实拍的造型更随意自然，效果也更好，但是成本比较高。

（1）远景拍摄：拍摄模特穿着汉服的整体效果。拍摄时，需要模特变换动作，并变换拍摄角度，灵活进行横向或竖向构图，如图5-9所示。

图 5-9 模特远景拍摄效果

（2）中景拍摄：拍摄模特穿着汉服的上半身效果，展现汉服上半身的花纹、领口设计、袖子长短，以及模特表情等细节，如图 5-10 所示。

（3）微距拍摄：通过微距镜头拍摄肩部，近距离展现汉服的面料与花纹特点，以及领口、肩部、门襟、袖口设计等细节，如图 5-11 所示。

图 5-10 模特中景拍摄效果　　图 5-11 模特微距拍摄效果

6. 汉服视频拍摄

本例选择青年模特来拍摄汉服的视频，要求对汉服的纹理特征、缝制工艺、色彩等卖点进行展现。拍摄时，视频拍摄人员需要保持耐心，引导模特完成面料旋转、挥打道具等动作，使拍摄氛围唯美、恬静，如图 5-12 所示。

C0004.MP4	C0005.MP4	C0006.MP4	C0007.MP4	C0008.MP4
C0011.MP4	C0012.MP4	C0013.MP4	C0014.MP4	C0015.MP4

图 5-12　视频拍摄效果

7. 汉服摄影技巧

汉服的华丽与精美，使汉服的拍摄在古装摄影中更容易出彩，汉服的拍摄中，我们应该遵循三个特点，只有把握了这三个特点，我们才能拍摄出最精美的汉服古装摄影作品。

（1）结合汉服的华丽度，拍摄时一定要尽量选择大气的场景，尤其是在外景地的选择方面，奢华的古典建筑是首选外景场地。在北京，这一类型的外景场地选择性较多，可采用皇家园林取景。无论是场地的宏大性还是大气感，都能很好地满足奢华、大气感的需求，如图 5-13 所示。

（2）如果选择内景拍摄，就一定要从后期的修饰和设计方面弥补场景中大气感不足的劣势。另外，后期设计是很好的解决方法，可通过后期设计中相关元素的添加，达到进一步烘托和提升作品效果的目的，如图 5-14 所示。

图 5-13　模特外景拍摄效果　　　　　图 5-14　模特内景拍摄效果

（3）在进行服饰配件类商品的拍摄时，可采用自然光或摄影棚布光，不同的用光方式需要掌握不同的技巧。由于自然光可以让消费者感受到服饰配件类商品的生活气息，可以充分利用自然光进行室外拍摄。若在室内拍摄，可选择下午两点左右进行，此时光线较

强，能够很好地突出服饰配件类商品的立体感、层次感和质感。在摄影棚拍摄时需要先布光，再用一个主光源进行整体打光，然后使用一个副光源来消除主光源在服饰配件类商品上投射的影子，再使用一个背光源来衬托服饰配件类商品的整体轮廓，如图5-15和图5-16所示。

图5-15 模特自然状态下的拍摄效果

图5-16 摄影棚布光下的拍摄效果

发凡举例

5-1 模特摆拍

本任务将拍摄一组男式汉服，拍摄时分别采用了模特室外远景、中景和近景拍摄，室外拍摄要求展示汉服整体效果，重点突出端庄飘逸的特点，中景显示拍摄模特穿着汉服的上半身效果，近景细节拍摄要求展示领口设计、裙摆设计、图案纹理、面料质感等细节。拍摄效果如图5-17所示。

图5-17 模特摆拍效果

图 5-17　模特摆拍效果（续）

博物洽闻

马面裙（图 5-18）的起源与发展

马面裙的前世今生

"马面"一词，最早出现在《明宫史》中："曳撒，其制后襟不断，而两傍有摆，前襟两截，而下有马面褶，往两旁起。"但马面裙的历史可以追溯到宋代，因为宋代的裙子已经具有马面裙的马面形制了。

旋裙是宋代女子为方便骑驴而设计的一种功能性的"开胯之裙"。孟晖在《开衩之裙》中道："此类宋裙乃是由两片面积相等，彼此独立的裙裾合成，做裙时，两扇裙片被部分地叠合在一起，再缝连到裙腰上。"一些出土的文物也有马面裙蛛丝马迹，如山西晋祠彩陶中的一尊宋代侍女像上就有马面裙的影子。

旋裙发展到明代，逐渐形成了马面裙。在明代成化年间，京城人士都喜欢着马面裙。上至一国之母下至黎民百姓，人人皆穿马面裙。只是不同的阶级，马面裙的质地、装饰和色彩都有着严格的区别。只是这时并无"马面裙"之名，裙式简单且未定型，色彩秀丽，整体给人清新淡雅的感觉。

清代马面裙在继承明代裙式基础上通过进一步的衍变逐渐发展成为清代汉族女子的日常着装，成为清代女子的标志性裙式。马面裙在清代发展最快，形成了一种独特的装饰结构风格，是清代裙子的基本形制。

20 世纪初，清政府的统治逐渐崩溃。民国初期的马面裙在风格上仍然继承发展着清代那宽松的款式、明朗的色彩和复杂的工艺，而后慢慢走向了衰落。

五四运动以后，受"民主、自由"等思想的影响，中国女性的裙子与西方女裙的差别越来越小，传统女裙的元素渐渐消失，这也预示着马面裙已走近末梢。20 世纪 30 年代，有绣花的马面裙逐渐在生活中被人们淘汰，取而代之的是喇叭裙、旗袍等。

（资料来源：360 百科）

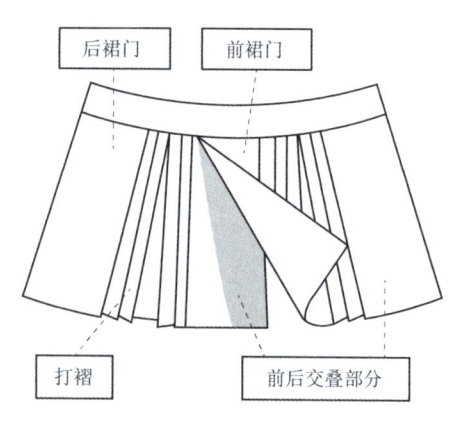

图 5-18　马面裙设计构造

任务 2　汉服商品图片与短视频优化

一、任务目标

公司的美工人员在收到拍摄的汉服商品图片和视频后,为了使商品图片和视频呈现的视觉效果更加美观、更具吸引力,需对商品图片进行处理与优化,李明全程跟随美工老师,了解了此项工作的具体流程。

二、任务分析

美工人员将汉服商品图片和视频导入电脑中,分析商品图片的拍摄效果,并进行优化处理。本任务美工人员将分别开展汉服商品图片处理、汉服商品主图制作、汉服商品海报制作、汉服视频片头制作、汉服视频剪辑、为汉服视频添加背景音乐和字幕等工作。

三、任务实施

1. 汉服商品图片处理

通过观察发现拍摄的汉服挂拍商品图片和模特摆拍商品图片都偏暗,为了让商品图片更美观,需要对商品图片进行处理,使其恢复真实效果,具体操作步骤如下。

步骤 1　启动 Photoshop 2020,打开 "4.jpg" 素材文件(配套资源:项目 5 素材/图片处理素材/4.jpg),发现商品图片颜色整体较暗淡,如图 5-19 所示。

步骤 2　选择【图像】/【调整】/【亮度/对比度】命令,打开 "亮度/对比度" 对话框,设置亮度为 "22",对比度为 "5" 后,单击 "确定" 按钮。查看调整后图片效果可以发现,商品图片亮度增加了,如图 5-20 所示。

图 5-19　颜色偏暗图片　　　　　图 5-20　调整亮度后的效果

步骤3　打开"1.jpg"素材文件（配套资源：项目5素材/图片处理素材/1.jpg），可以发现模特皮肤颜色偏暗，如图5-21所示。

图5-21　模特面部偏暗图片

步骤4　选择【图像】/【调整】/【亮度/对比度】命令，打开"亮度/对比度"对话框，设置亮度为"20"，对比度为"8"后，单击"确定"按钮，如图5-22所示。查看调整后图片效果可以发现，商品图片变亮了，如图5-23所示。

图5-22　亮度/对比度调整界面

图 5-23 调整后的效果

步骤 5　使用 Ctrl + +组合键将要处理的图片放大，借助 调整模特脸部至合适位置。在左侧工具箱中单击减淡工具 按钮，属性栏中调整画笔大小和硬度，如图 5-24 所示。接下来，涂抹模特的脸部、脖子、手臂等部位，提升其皮肤亮度，保存图像文件，效果如图 5-25 所示。

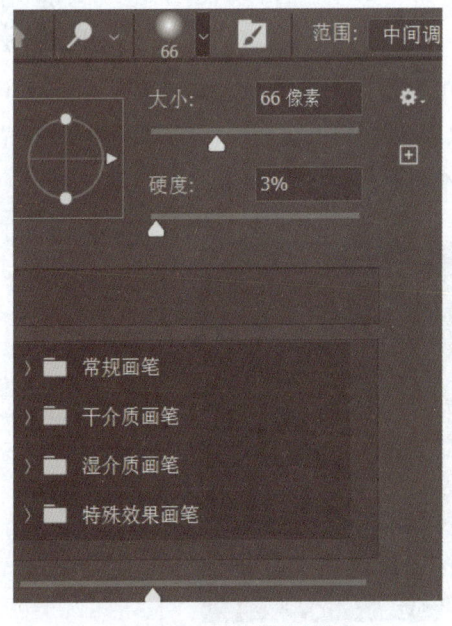

图 5-24　画笔调整界面　　　　图 5-25　皮肤亮度提升后的效果

步骤6 打开其他模特素材（配套资源：项目5素材/图片处理素材/3.jpg），使用相同的方法提升其他类似商品图片的整体亮度和模特皮肤的亮度，处理完成后储存文件，完成案例的制作（配套资源：项目5素材/图片处理素材/7.psd.jpg），效果如图5-26所示。

图5-26 皮肤亮度修正后的效果

2. 汉服商品主图制作

主图是消费者对商品的第一直观印象，其质量的优劣直接决定了商品的成交量。下面利用处理后的汉服图片制作商品主图，具体操作步骤如下。

汉服主图制作

步骤1 选择【文件】/【新建】命令，打开"新建"对话框，新建宽度和高度都为"800像素"，分辨率为"72像素/英寸"，名称为"汉服主图"的背景文件，单击"确定"按钮，操作界面如5-27所示。

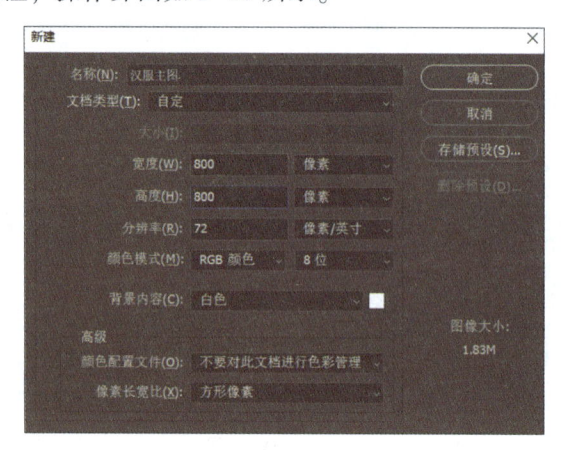

图5-27 新建背景操作界面

步骤2　打开"红色方框1"和"模特1"（配套资源：项目5素材/主图素材/红色方框1、模特1.jpg），单击工具栏移动工具 ![] 按钮，将"红色方框1"拖动到"汉服主图"背景中，按Ctrl+T组合键调整大小。用矩形选框工具 ![] 框选整个图片，使用移动工具将"模特1"移动到新建的背景中，如图5-28所示。

步骤3　在工具栏中选择【图层】/【新建】新建一个图层，单击右侧工具栏文字工具 ![] 按钮，选择【直排文字工具】命令，输入字体"八荒原创"，字体颜色为"#141414"，字体为"华文行楷"，字体大小为"60号"，如图5-29所示。图5-30为添加文本后的效果图。

图5-28　图层整合后的效果

图5-29　文字颜色设置界面

图5-30　添加文本后效果图

步骤 4　按 Shift+Ctrl+N 组合键新建图层，单击左侧工具栏中的"圆角矩形工具"按钮，按住左键拖动鼠标在图片右下方绘制图形一个圆角矩形，将图层命名为"圆角矩形 1"，调整半径数值大小选择合适的圆角弧度，如图 5-31 所示。

步骤 5　右击图层"圆角矩形 1"，在快捷菜单中选择【混合选项】命令，单击"渐变叠加"按钮，单击"渐变"按钮，将颜色改为"#b02431"，单击"确定"按钮，如图 5-32 所示。

汉服主图
圆角矩形

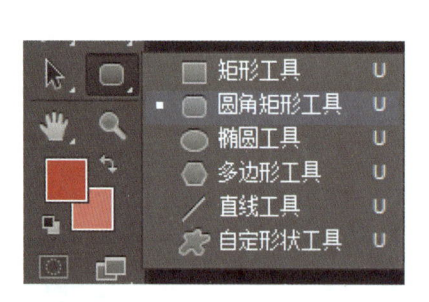

图 5-31　添加圆角矩形

图 5-32　设置图形填充颜色

步骤6　按 Shift+Ctrl+N 组合键新建图层，插入文字"优惠促销 ￥79.9"，将字体设置为"楷体-GB2312"，字体大小为70号，"行距"为75点，如图5-33所示。

步骤7　按 Shift+Ctrl+N 组合键新建图层，利用圆角矩形工具，绘制一个圆角矩形，半径像素为60，颜色为"#fc8c8c"，放置在文字下方，并命名为"粉色圆角矩形"，如图5-34所示。

图5-33　设置字符

图5-34　颜色设置

步骤8　按 Shift+Ctrl+N 组合键新建图层，单击工具栏中的"文字工具"按钮，插入文字"立即抢购"，字体为"楷体-GB2312"，大小为50号，使用移动工具将其放置于"粉色圆角矩形"上方，调整大小，效果如图5-35所示。

步骤9　单击工具栏【图层】/【新建】新建图层，绘制一个圆角矩形，半径为60像素，命名为"圆角矩形2"，使用移动工具将此图层放置"圆角矩形"图层下方，右击"圆角矩形2"，在快捷菜单中选择【渐变叠加】命令，设置颜色为"#b02431"渐变色，如图5-36所示。

图5-35　颜色设置

图5-36　渐变颜色设置

步骤10　按Shift+Ctrl+N组合键新建图层，选择工具栏文字工具插入横排文字"限量赠送发箍和团扇"，字体为"楷体-GB2312"，字体大小为75号，"行距"为75点（配套资源：项目5素材/效果/汉服主图psd.汉服主图效果图jpg），效果如图5-37所示。

图5-37　插入促销字体

3. 汉服商品海报制作

海报是首页中不可缺少的一部分，也是视觉展现的重点。下面将制作汉服新品促销海报，在制作时先采用通道抠图方式抠取模特，再采用描边、投影等方式加强海报文本立体感，具体操作步骤如下。

汉服海报制作

步骤1　单击【文件】/【新建】新建一个宽度为"1920像素"、高度为"650像素"、分辨率为"72像素/英寸"、名称为"汉服海报"的空白文件。按Ctrl+O组合键打开"汉服海报背景.jpg"素材文件（配套资源：项目5素材/汉服海报素材/汉服海报背景.jpg）。使用左侧工具栏矩形选框工具框选整个图片，再使用移动工具将框选的图片移动至新建的海报中，按Ctrl+T组合键，使用自由变换工具调整其位置与大小，如图5-38所示。

图5-38　海报背景

步骤2　在左侧工具栏中单击横排文字工具按钮，输入文本"八荒原创汉服"，设置文本字体格式为"华文行楷、84.32点、#ffffff",不透明度设置为"61%",凸显商家店名且装饰背景,效果如图5-39所示。

图5-39 添加背景文字

步骤3 打开"海报人物图1"素材文件(配套资源:项目5素材/海报素材/海报人物图1.jpg),按Ctrl++组合键,将要处理的图片放大,单击左侧工具栏钢笔工具 按钮,如图5-40所示。

步骤4 沿着人物轮廓单击,放置锚点,按Ctrl+Z组合键可撤销误选锚点。待描边结束后,需要闭合整个路径,选择单击第一个锚点处。当光标右下角出现圆圈标志,即可闭合成功,如图5-41所示。

图5-40 钢笔工具

步骤5 将鼠标置于闭合区人物图片上,右击,在快捷菜单中选择"建立选区"命令,如图5-42所示。设置羽化半径为"8",单击"确定"按钮,完成人物抠图。

图5-41 用钢笔工具抠图

图5-42 建立选区

· 97 ·

步骤6　按 Ctrl+C 组合键复制抠取的图片，按 Ctrl+V 组合键将其粘贴到"汉服海报"。单击左侧工具栏，选择橡皮擦工具，按 Ctrl+T 组合键来调整橡皮擦涂抹范围大小。拖动鼠标，将抠图没有抠掉的多余背景颜色去除，调整大小和位置，效果如图 5-43 所示。

汉服海报制作 2

图 5-43　合并图层海报效果

步骤7　打开"素材/海报素材/海报素材 3"文件，按住移动工具按钮，将其拖动至"汉服海报"。选择竖排文字工具，在"海报素材 3"图层上输入"双面加厚毛呢"，字体格式为"楷体-GB2312"、60 点，颜色为"#050505"，在其右侧输入竖排文本"新品秋冬汉服"，字体格式为"楷体-GB2312"、40 点，颜色为"#b02431"，调整位置，效果如图 5-44 所示。

图 5-44　海报效果

步骤8　选择【文件】/【存储为 Web 所用格式】命令，将文件存储为 jpg 格式，完成汉服海报的制作（配套资源：项目 5 素材/效果/汉服海报 psd、汉服海报.jpg）。

4. 汉服视频片头制作

视频片头可以起到宣传品牌，增强视频专业性的目的。本任务将在剪映软件中添加白幕视频，然后剪辑视频，并在其中添加品牌名称与标签，设置淡入淡出特效，具体操作步骤如下。

步骤1　打开剪映软件后，选择【+开始创作】/【素材库】命令，选择并下载白幕视频，单击"+"按钮将白幕视频添加到轨道位于拟处理视频前端，将时长设置为 5 秒，操作界面如图 5-45 所示。

图 5-45　插入白幕视频

步骤 2　单击并选中白幕视频，通过播放区旋转按钮，旋转 90°调整白幕，使其竖排放置，如图 5-46 所示。

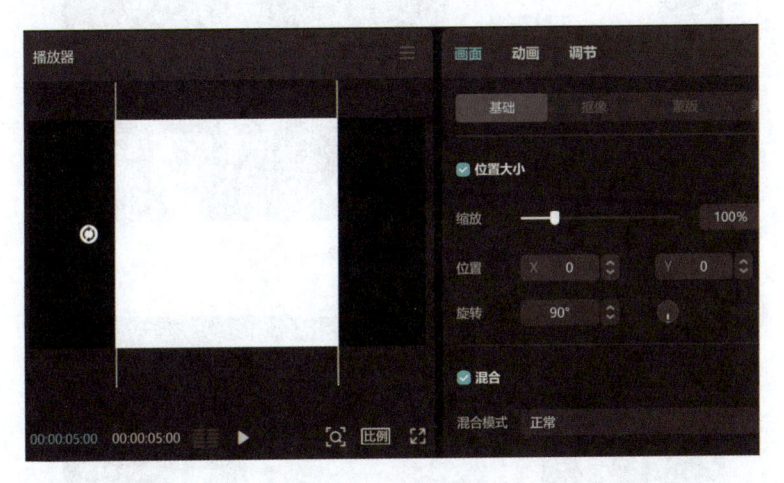

图 5-46　调整白幕方向

步骤 3　选择顶部工具栏【媒体】/【本地】/【导入】命令，将素材"项目 5 素材/视频素材/LOGO.jpg"导入材料栏。将图片拖动到白幕视频上方轨道区，单击选中 LOGO 左右拖动，调整大小保持与白幕时间长度一致。选中素材"LOGO"调整画面大小使其与白幕大小一致，如图 5-47 所示。

步骤 4　单击并选中白幕，选择功能区右侧的【动画】工具，分别设置白幕和 LOGO "轻微放大"入场出场效果，拖动下方滑块，设置出入场时间为 1.6 秒，如图 5-48 所示。

步骤 5　单击播放区的▶按钮预览片头效果，如图 5-49 所示（配套素材：项目 5 素材/效果/主图视频.MP4）。

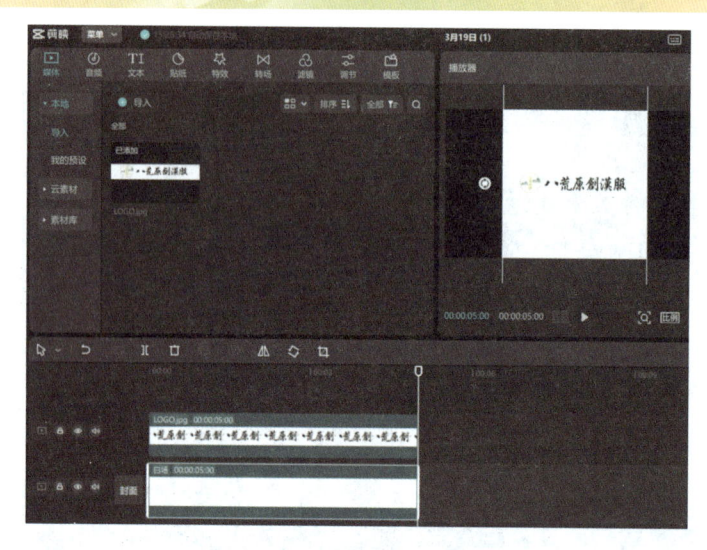

图 5-47 添加企业品牌标志

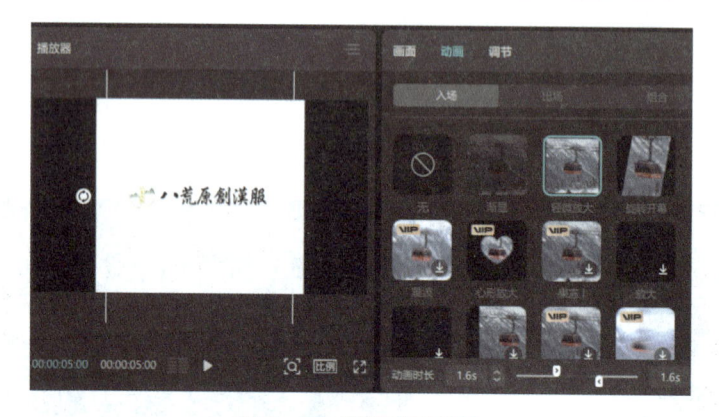

图 5-48 设置动画效果

图 5-49 视频效果

5. 汉服视频剪辑

拍摄完的视频往往会时间过长、有噪音或模特动作不美观的情况，此时就需要对视频进行剪辑，从而使整个视频更加有看点。本任务将使用剪映软件处理多段汉服视频，先导入视频素材文件，再对视频进行剪辑，保留需要的视频片段，删除视频的原声，具体操作步骤如下。

步骤1　选择剪映工具栏【媒体】/【本地】/【导入】命令，选择"1.MOV""2.MOV""3.MOV"文件（配套资源：项目5 素材/视频素材/1.MOV、2.MOV、3.MOV），单击【打开】按钮导入剪映材料区，拖动到视频轨道区，如图5-50所示。

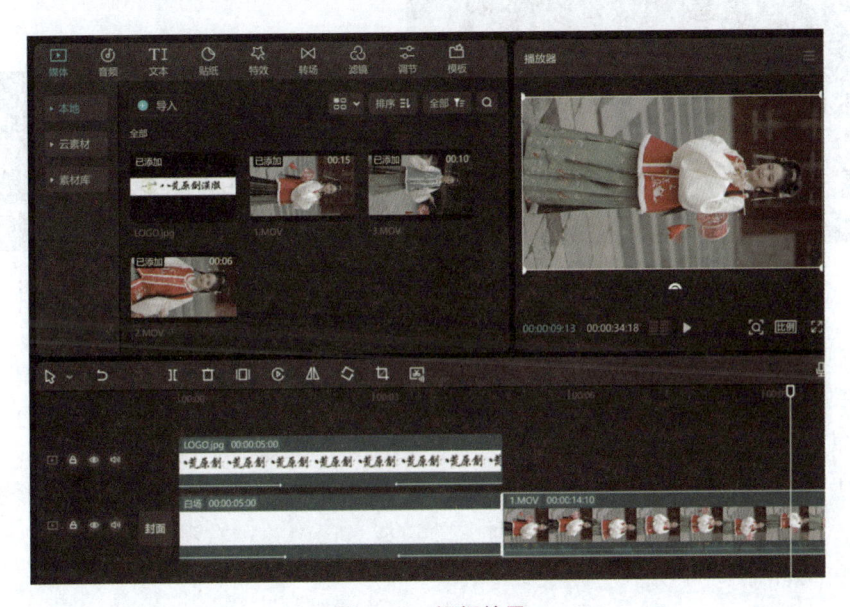

图5-50　视频效果

步骤2　单击播放器下方的【比例】按钮，选择9∶16（抖音）模式，旋转90°，依次将视频图像调正，如图5-51所示。

图5-51　调整视频

步骤3 拖动时间线滑块,查看视频,单击工具栏分割 按钮,切割不满意的视频,单击选中需要删除的视频段,按 Delete 键将其删除,完成剪辑,如图5-52所示。

步骤4 使用相同的方法继续添加其他视频到文件中,剪辑视频并消除视频原声,总时长约为20秒,如图5-53所示。

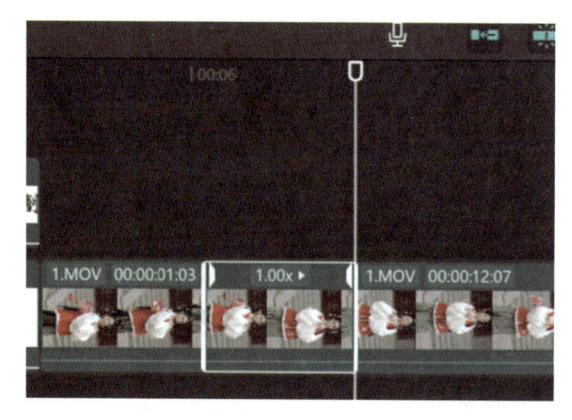

图5-52 调整视频

图5-53 消除视频原声

6. 为视频添加背景音乐

在视频中添加背景音乐,能增加视频的完整性,使内容更加丰富。本任务将为主图视频添加背景音乐,并设置淡入淡出的效果,具体操作步骤如下。

步骤1 选择【音频】/【音乐素材】命令,在材料栏中搜索"古风",选择并下载合适的音乐,单击"+"按钮将所选音乐加入轨道栏,选中并左右滑动调整音乐长度,与视频长短匹配,如图5-54所示。

步骤2 选中音乐轨道,单击右侧工具栏中的【基础】按钮,设置淡入淡出时长为1.6秒,并调节音量大小,如图5-55所示。

图5-54 导入音乐素材

图5-55 音乐淡入淡出设置

步骤3 单击软件上方工具栏中的【转场】按钮,选择"叠加"转场模式为两段不同视频进行衔接,如图5-56所示。

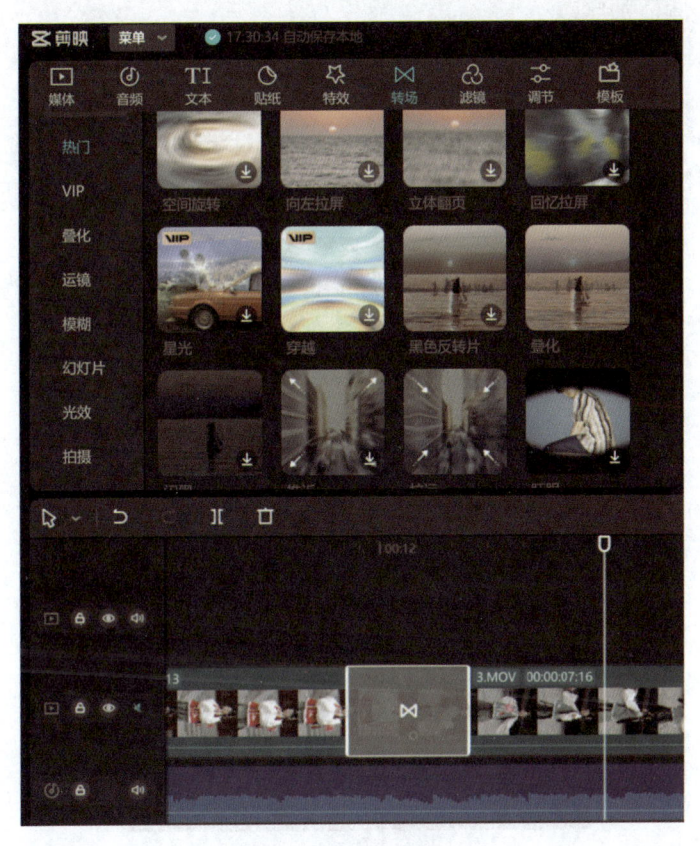

图 5-56 设置转场

步骤 4　单击软件界面右上角的播放器窗口，单击【播放】按钮可试听音频效果，单击 按钮查看视频整体效果，如图 5-57 所示。

图 5-57 查看视频整体效果

7. 为汉服视频添加字幕

商家在主图视频中添加字幕可以帮助提升网店的专业度并增加流量。本任务将为主图视频添加字幕，具体操作步骤如下。

步骤1　将时间线置于需要添加字幕的视频处，单击【文本】/【新建文本】/【默认】，再单击材料栏"默认文本"与"+"将文本材料加至轨道，如图5-58所示。

图5-58　添加文本

步骤2　单击选择主轨道文本项，将时间线置于拟插入文字的视频处，选择右侧文本基础工具栏关键帧，确定插入文字视频起始处。拖动时间线至插入文字的视频终端，选择关键帧，确定插入文字的范围，如图5-59所示。

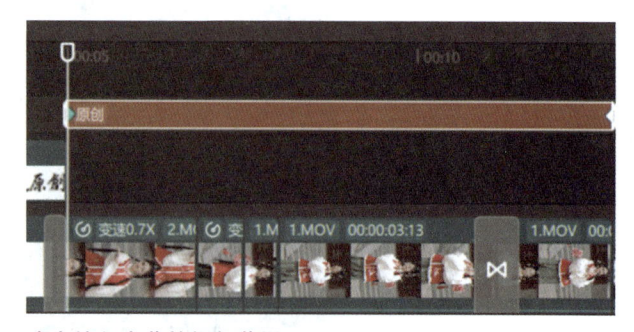

图5-59　确定植入字幕的视频范围

步骤3　单击选择文本项轨道，在右侧工具栏输入文字"原创"，将字体设置为"芋圆体"，字号为15，颜色为"f50707"，对齐方式为　，调整字体至图片中的合适位置，如图 5-60 所示。

图 5-60 设置文字格式

步骤 4　单击工具栏中的【贴纸】按钮,在材料栏搜索"古印",选择并添加到主轨道,设置关键帧调整视频范围,调整其在图中的位置,如图 5-61 所示。

步骤 5　在贴纸上方添加文本文字"八荒",设定关键帧使其与贴纸及"原创"应用视频范围一致,字体为"悠然体",字号为"42",颜色为"060505",对齐方式为 ▥ 并调整位置,效果如图 5-62 所示。

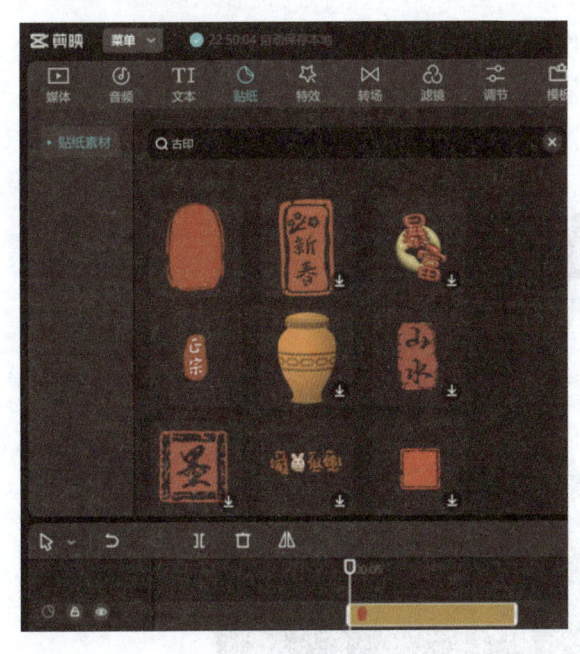

图 5-61 插入贴纸　　　　图 5-62 贴纸上方植入文字

步骤6 单击播放区【播放】按钮查看视频效果，检查无误后单击右上端的【导出】按钮，打开"导出设置"对话框设置参数，如图5-63所示，单击下方的【导出】按钮。

步骤7 待导出成功后，可根据需要将视频直接通过剪映发布在"抖音""西瓜视频"等社交平台上，如图5-64所示。

图5-63 视频导出界面　　　　　　图5-64 视频发布

发凡举例

剪映视频制作

淘宝上有一家汉服店打算上架一款男士汉服，请你利用提供的素材（配套资源：项目5素材/5-2案例素材/男汉服视频1、2、3、4、5.MOV）运用剪映软件制作一个主图视频，要求经过剪辑后添加音乐，画面与音乐协调一致，展现汉服的飘逸、洒脱、唯美。其效果如图5-65所示（配套资源：项目5素材/效果/男汉服视频.MOV）。

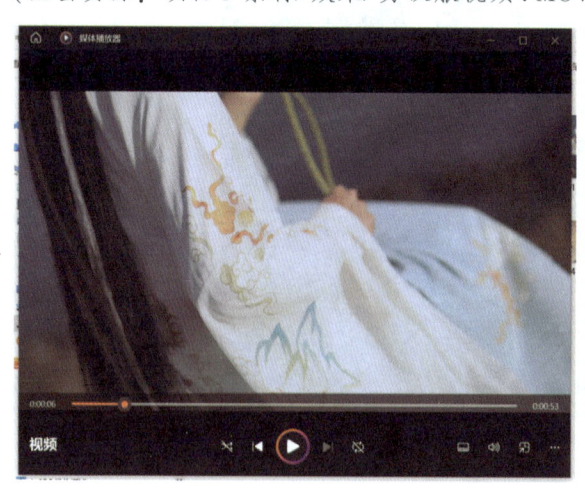

图5-65 视频效果

任务 3　汉服商品详情页设计

一、任务目标

商品详情页作为每个商品展示的重点，其好坏直接决定了商品的成交量。本任务设计师及其助理将对汉服商品的详情页进行设计，要求制作的汉服商品详情页具有吸引力，能够引导消费者购买。

二、任务分析

在进行汉服商品详情页的设计时，首先设计师需要根据收集的汉服信息，对汉服商品详情页需要展示的信息进行规划，然后划分模块进行设计与制作。本任务将对汉服商品详情页的卖点展示部分、面料优势部分、细节展示部分、商品展示部分分别进行制作，整个页面采用古风色调为主色，制作出的详情页效果如图 5-66 所示。

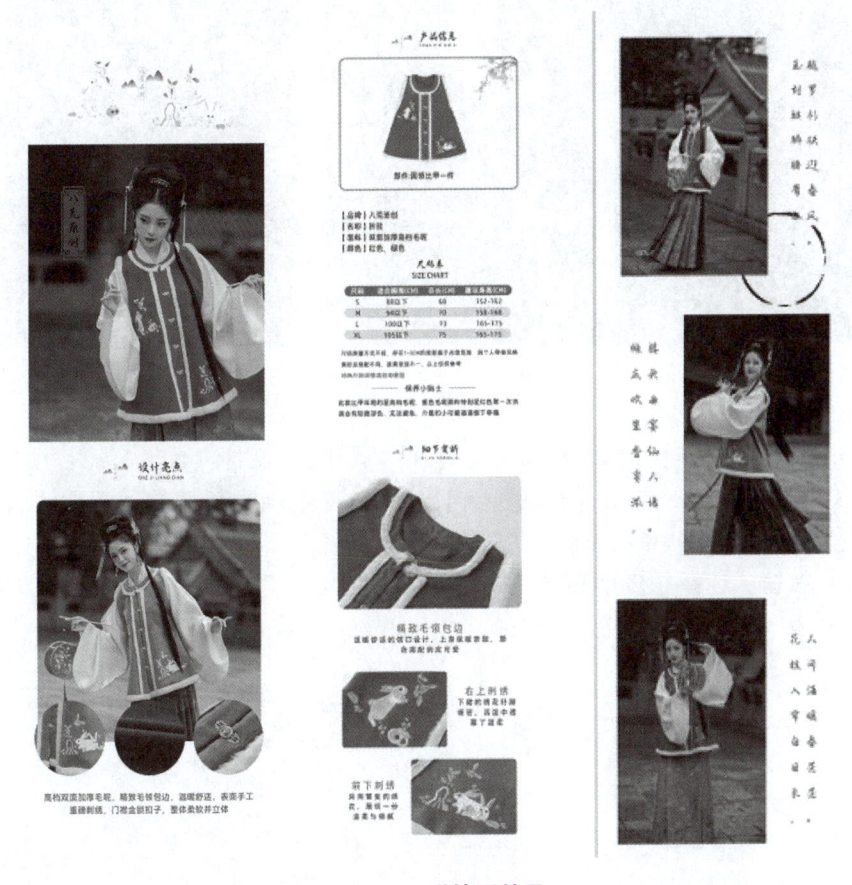

图 5-66　详情页效果

三、任务实施

1. 制作卖点展示部分

1)制作主图展示部分

在商品详情页中,卖点展示部分是吸引消费者的重要因素。接下来,本教材将通过对汉服的卖点设计,对该汉服的面料、细节、做工等卖点进行展现,进而吸引消费者加强其购买意愿,具体操作步骤如下。

制作详情页
主图第一步

步骤1 选择【文件】/【新建】命令,打开【新建】对话框,设置名称为"汉服详情页",宽度为"750像素",高度为"10 415像素",分辨率为"72像素/英寸",背景内容为白色,然后单击"确定"按钮,新建一个空白详情页背景,如图5-67所示。

步骤2 选择【文件】/【打开】命令,打开"素材1"和"素材2"文件(配套资源:项目5素材/详情页素材/素材1、2.jpg),单击【移动工具】按钮,将素材拖进刚刚新建的"汉服详情页"背景中,调整至合适大小和位置,右击图层,分别将图层命名为"八荒原创"和"模特",如图5-68所示。

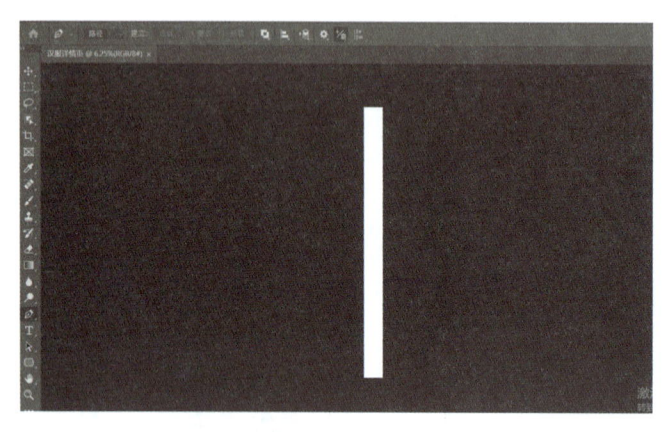

图5-67 新建详情页背景

图5-68 新建详情页背景

步骤3 选择【文件】/【打开】命令,打开"素材3"文件(配套资源:项目5素材/详情页素材/素材3.jpg),单击【移动工具】按钮,拖进刚刚新建的"汉服详情页"中,调整至合适大小和位置,并用鼠标右键单击图层,将图层命名为"八荒原创2"。单击【新建图层】按钮,选择【横排文字工具】命令,输入"设计亮点",设置字体为"华文行楷",字号为"49点",颜色为"#3f3f3f",按Enter键保存,如图5-69所示。

图5-69 效果1

步骤4 按Ctrl+O组合键,打开"素材4"文件(配套资源:项目5素材/详情页素材/素材4.jpg),使用Ctrl+T组合键调整至合适大小,用鼠标右键单击选择旋转180°,放置于"模特"图层之上,并命名为"红色方框"。单击新建图层,输入文字"八荒原创",字体"悠然小楷"(Slideyouran),字号为"51 点",字体颜色为"#141414",使用 Ctrl+T 组合键调整其至合适位置,效果如图 5-70 所示。

图 5-70 效果 2

步骤 5　选择【文件】/【打开】命令,打开"素材 5"文件(配套资源:项目 5 素材/详情页素材/素材 5.jpg),调整至合适位置大小,并命名为"模特 2",新建图层,单击矩形工具按钮,选择像素,将上方弧度选为 20 像素,画一个圆角矩形,将"模特 2"放置圆角矩形上方,如图 5-71 所示。用鼠标右键单击"模特 2"创建剪贴蒙版调整位置后,再单击"模特 2"合并图层即可。

剪贴蒙版操作

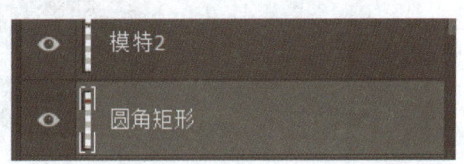

图 5-71 操作界面

步骤6　新建图层，单击椭圆工具按钮，画一个圆形，按住 Alt 键向右拖动可复制图层，反复操作两次，共画出三个圆形图层，如图 5-72 所示。

图 5-72　形成三个圆形图层

步骤7　打开"素材6"文件（配套资源：项目 5 素材/详情页素材/素材 6.jpg），将素材6的图层放置圆形图层之上，并命名为"细节图"，操作界面如图 5-73 所示。用鼠标右键单击细节图，选择【创建剪切蒙版】，通过移动工具和自由转换工具，将图片细节调整到最佳位置和大小，并放置于圆形区域合适位置。最后，用鼠标右键单击细节图合并图层。接下来，打开"素材7"文件，将素材7命名为"细节图2"，将细节图2图层放置圆形图层2之上，用鼠标右键单击"细节图2"，创建剪切蒙版，再用鼠标右键单击合并图层，同样操作制作第三幅细节图。最后加入营销语，注意突出衣服面料，刺绣，纽扣等卖点，字体为黑体，颜色为"R104""G122""B118"，效果如图 5-74 所示。

图 5-73　设置细节

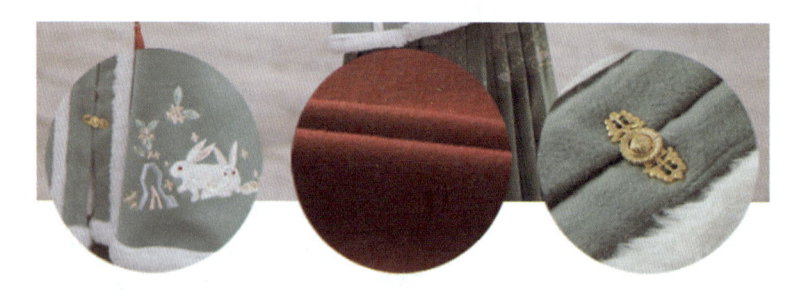

高档双面加厚毛呢，精致毛领包边，温暖舒适，表面手工
重磅刺绣，门襟金锁扣子，整体柔软而立体

图 5-74　制作细节

2. 制作产品信息部分

制作产品信息部分中，需要详细的展现出产品的规格，颜色等详细数据，让消费者对商品有一个更具体的了解，具体操作步骤如下。

步骤 1　单击【文件】按钮，打开"素材 3"文件（配套资源：项目 5 素材/详情页素材/素材 3.jpg），单击工具栏的移动工具和自由转换工具，调整图片至合适位置。单击【文件】按钮，打开"素材 9"文件（配套资源：项目 5 素材/详情页素材/素材 9.jpg），调整大小和位置。

步骤 2　新建图层，使用文字工具横向排列加入文字"产品信息"和服装名称。创建新图层，画一个圆角矩形，将描边像素粗细改为 3，颜色为"R176""G36""B49"，即#b02431，如图 5-75 所示，效果如图 5-76 所示。

文字更改颜色

绘制形状步骤

图 5-75　颜色设置界面

图 5-76　效果

步骤 3　打开"素材 10"文件（配套资源：项目 5 素材/详情页素材/素材 10.jpg），命名为"桃花"，利用移动工具并将其放置详情页合适位置，如图 5-77 所示。

图 5-77　添加装饰图片

尺码表操作步骤

步骤 4　新建图层，选择圆角矩形工具，画一个圆角矩形，命名为"绿色圆角矩形"。按住 Alt 键复制两个相同图层并命名为"绿色圆角矩形 1"和"绿色圆角矩形 2"，放置于文

· 111 ·

字下方，将复制出来的两个图层透明度改为"25"，输入文字即完成设计，如图 5-78 所示。

图 5-78　尺码表效果

步骤 5　单击【直线工具】按钮，设置填充色为"黑色"，按住 Shift 键绘制出一条直线，再按住 Alt 键向右拖出第二条直线，并命名为直线 1 和直线 2。将直线放置在图片中间，在工具箱中选择横排文字工具，在直线 1 和直线 2 中输入文字"保养小贴士"。新建图层，在"保养小贴士"下方加入"保养需要注意的事项"，如图 5-79 所示。

绘制直线步骤

图 5-79　设置直线文字组合

3. 制作细节赏析部分

在商品详情页中，商品细节也是消费者较为关注的点，通过汉服的图案、刺绣等其他细节展现给消费者最好的一面，此举也是提高购买率的重要因素，具体操作步骤如下。

细节赏析

步骤 1　打开"素材 3"文件（配套资源：项目 5 素材/详情页素材/素材 3.jpg）并添加文字"细节赏析"，字体、字号、颜色如上。

步骤 2　新建图层，使用矩形工具，画一个圆角矩形，打开"素材 11"文件（配套资源：项目 5 素材/详情页素材/素材 11.jpg），创建剪贴蒙版。"素材 12、13"为相同步骤。调整图片大小的组合键为 Ctrl+T，剪切蒙版完成。

最后模特图片文字

步骤 3　新建图层，插入文字，上方字体颜色为"#687a7b"，字号为 35 点；下方字体颜色为"#3f3f3f"，字体大小为 26 号，效果如图 5-80 所示。

项目 5　服饰配件类商品采编与优化

精致毛领包边
温暖舒适的领口设计，上身保暖亲肤，颜色搭配俏皮可爱

右上刺绣
下裙的绣花针脚细密，活泼中透露了温柔

前下刺绣
采用繁复的绣花，展现一份温柔与细腻

图 5-80　细节展示

4. 制作模特展示部分

在商品详情页制作中，最后一步是展示部分，模特对服装的展示也对消费者的选择起到很大的作用。本部分挑选了 5 张商品图片作为展示图片，具体操作步骤如下。

步骤 1　单击【文件】按钮，打开"素材 14"文件（配套资源：项目 5 素材/详情页素材/素材 14.jpg），拖动至汉服详情页，命名为"圆圈 1"，放置在细节赏析图片下，如图 5-81 所示。

步骤 2　单击【文件】按钮，依次打开"素材 14"文件（配套资源：项目 5 素材/详情页素材/素材 14.jpg）至"素材 19"文件（配套资源：项目 5 素材/详情页素材/素材 19.jpg），单击【移动工具】按钮，将图片放置合适位置。再新建图层，加入文字信息，字体为"演示悠然小楷"，字体大小为"51 号"，并调整字距为"390"，行距为"50 点"，如图 5-82 所示。

· 113 ·

商品信息采编

图 5-81　加圆圈效果

图 5-82　字符设置界面

步骤 3　使用裁剪工具将图片裁剪至合适大小，如图 5-83 所示。点击菜单中的【文件】选项，在弹出的下拉菜单中选择【储存为】命令将完整的商品详情页进行保存，存储格式选择为 psd 格式（配套资源：项目 5 素材/效果/汉服详情页.psd）。

图 5-83　裁剪工具

最终导出效果

· 114 ·

> 同步案例

5-3 男士汉服详情页制作

本任务拓展将制作一款男士汉服的商品详情页，该纱裙具有飘逸、文艺的特点，制作时应使用直排文字、圆、矩形等元素营造文艺、复古的风格，在细节部分主要突出网纱、绣花等设计特点，制作后的男士汉服详情页效果如图5-84所示。

图5-84　男士汉服详情页效果

> 博物洽闻

中国古代服装纹样

中国自古以来被称为礼仪之邦，而中国古代服装是中华传统礼制文化的集中代表。党的二十大提出要传承中华优秀传统文化，不断提升国家文化软实力和中华文化影响力。中国古代服饰纹样始终依从礼制发展而形成的。中国古代礼制成于"三皇五帝"时代，到尧舜时，已有成文的"五礼"。殷商时代社会虽然等级，但服饰形制还未形成。到了周朝时期，已逐步形成了华夏民族的礼乐衣冠体系。随着各种礼仪制度的确立，上至天子，下至庶民，无论贵贱尊卑，都应穿着相应的服饰，皆以"礼"的精神规范自己的生活。服饰纹饰以一种"标识"的特有形式显示着封建礼制的等级制度。武则天以绣袍赐予百官，是以鸟兽纹样为主，而且装饰部位在前襟后背。这一做法带有一定的标志性，它直接以一个有形的文化符号显示在服装上，使其具有了明显的中国礼制文化特点。宋代，宋人受程朱理学的影响，焚金饰、简纹衣，以取纯朴淡雅之美，对妇女的装束也有了详细严格的规定，服饰制度与宋代程朱理学观点有着异常密切的联系。清代的服饰是我国服饰发展的顶峰，服饰纹样在这时的装饰作用已达到了登峰造极的程度。在这一时期，服装中出现了一种叫"补子"的装饰，以"补子"的纹样代表官职的贵贱，"补子"纹样的差别反映了清代等级的森严。中国的服饰制度始终与礼制思想紧密相连，这使中国古代服饰纹样始终依从着礼制而发展。

（资料来源：中国古代服装纹样，其独特的魅力，惊艳世界！［EB/OL］.新浪网，2018-03-02.有删改）。

固本培元

一、单选题

1. 打开图像文件用组合键（　　）。
 A. Ctrl+O　　　　B. Ctrl+X　　　　C. Ctrl+D　　　　D. Ctrl+W

2. 属于色阶的组合键是（　　）。
 A. Ctrl+Z　　　　B. Ctrl+L　　　　C. Ctrl+T　　　　D. Ctrl+Shift+L

3. 在 Photoshop 中利用背景橡皮擦工具擦除图像背景层时，被擦除的区域显示为（　　）。
 A. 黑色　　　　B. 透明　　　　C. 前景色　　　　D. 背景色

4. 下面各项中哪些方法能对选到的图像进行变换操作（　　）。
 A. 选择【图像】【旋转画布】子菜单中的命令
 B. 按 Ctrl+T 组合键
 C. 选择【编辑】【变换】子菜单中的变换命令
 D. 选择【编辑】【变换选区】菜单命令

5. （　　）是 Photoshop 默认的图像储存格式，可以包含图层、通道和模式，也可以保存具有调节层、文本层的图像。
 A. psd　　　　B. EPS　　　　C. JPEG　　　　D. PDF

二、多选题

1. 下列选项中，属于不规则选择工具的有（　　）。
 A. 魔棒工具　　B. 矩形选框工具　　C. 单行选择工具　　D. 快速选择工具

2. 色彩的三要素包括（　　）。
 A. 色相　　　　B. 饱和度　　　　C. 亮度　　　　D. 强度

3. 以下选项中属于摄影拍摄手法的有（　　）。
 A. 远景拍摄　　B. 中景拍摄　　C. 内景拍摄　　D. 微距拍摄

4. 下列有关撰写广告口号时需注意的问题中，叙述正确的是（　　）。
   A. 要使商品区别于其他商品
   B. 要使消费者很容易将本商品与其他更好的商品联系起来
   C. 要强调本商品的好处或某一行动
   D. 要使口号押韵
5. 下列关于人的视觉习惯中，正确的有（　　）。
   A. 从左到右　　　B. 从上到下　　　C. 从内到外　　　D. 从大到小

三、判断题

1. 矢量图又称向量图，其放大和旋转后图不会失真，色彩也不会变。（　　）
2. 海报要调动形象、色彩、构图、形式感等因素形成强烈的视觉效果。（　　）
3. 电视广告具有较强的互动性。（　　）
4. 在视频中添加背景音乐，可以增加视频的完整性，使内容更加丰富。（　　）
5. Photoshop 是专业排版软件。（　　）

三、问答题

1. 现在流行扁平化的设计，这种设计有什么优势？
2. 缩小或放大图像有哪几种方法？怎样具体操作？
3. 如何对选取图像进行剪切、复制和粘贴操作？

融会贯通

去武大看樱花

2023 年，武汉这座城市迎来了樱花烂漫的时刻。武汉大学的樱花享誉全国，山东一名在校大学生小王也想去武汉看樱花，拍个美照。可是迫于经济条件和学业压力，最近她都无法成行，那要如何帮助她实现在武大拍照的愿望呢？

资源素材：小王的个人照、武汉大学的樱花图片（配套资源：项目 5 素材/案例分析.jpg）。

操作步骤：

（1）打开人物图像和风景图像，利用钢笔抠图工具抠取小王人物图像，利用移动工具将其移到风景图片上。

（2）选择菜单中的【编辑】/【变换】/【缩放】命令或者按 Ctrl+T 组合键对图像进行放大和缩小处理。

（3）利用移动工具将人物调整至图片合适位置，单击"保存"按钮。

思考题：

1. 常用抠图方法有哪些？各有什么特点？
2. 除了对图像进行放大和缩小处理外还有哪些处理方式？

笃行致远

一、实训目标

能够根据给定材料，为其设计并制作商品详情页。

二、实训背景

淘宝平台八荒原创汉服店铺打算本月上一批新款汉服，公司负责人将此任务交给了小王，要求他在两天内交稿（配套资源：项目5素材/技能训练素材.jpg）。

三、实训要求

要求突出服装的促销宣传内容、突出卖点、展示服装图案细节和整体感观效果。

四、实训步骤

（1）制作宣传模块：设置促销区域，添加促销文本。

（2）制作商品信息模块：使用作图工具绘制圆角矩形图形和直线形状，能够添加产品信息文本内容。

（3）制作细节赏析部分：错落排序细节图、添加细节说明文字、突出服装卖点。

（4）制作商品图片展示部分：添加文本并调整图片大小。

五、实训成果

形成一幅原创的关于汉服的信息完整、卖点突出、画面唯美的详情页。

项目 6　数码电器类商品采编与优化

【知识目标】
1. 掌握数码电器类商品图片的拍摄方法。
2. 掌握数码电器类商品图片的处理方法。
3. 掌握数码电器类商品短视频优化方法。
4. 掌握数码电器类商品详情页的设计方法。

【能力目标】
1. 能够完成数码产品类商品图片和短视频的拍摄工作。
2. 能够完成数码产品类商品主图、海报和详情页的设计工作。
3. 能够完成数码电器类商品短视频的优化工作。

【素养目标】
1. 锻炼做事的条理性,养成严谨、认真的工作态度。
2. 体验中国电器行业科技的进步,增强民族自豪感。

提要钩玄

- 数码电器类商品采编与优化
  - 电动剃须刀拍摄
    - 电动剃须刀卖点分析
    - 电动剃须刀拍摄思路
    - 数码电器类商品拍摄技巧
  - 电动剃须刀商品图片与短视频优化
    - 电动剃须刀图片优化
    - 电动剃须刀主图制作
    - 电动剃须刀视频片头制作
    - 电动剃须刀视频剪辑
    - 为电动剃须刀视频添加背景音乐
    - 为电动剃须刀视频添加字幕

导入案例

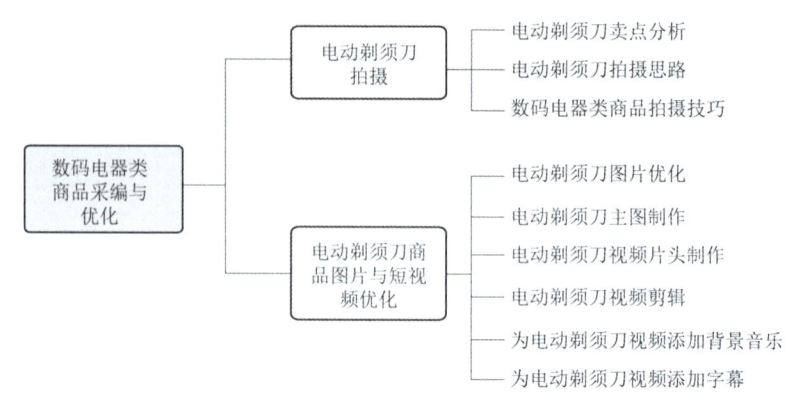

飞科刀片自创办迄今已经有上百的历史。飞科于1901年创办，1904年获得了美国专利，1917年，飞科在特拉华州的公司成立，奠定了其在刮胡刀领域的领导地位，每年会销售100万把剃须刀和1.15亿个刀片。自20世纪20年代开始，飞科逐渐进入国际市场，并迅速成长为国际知名品牌。

飞科在男性剃须领域有着百年底蕴，致力于提供一流的剃须享受。

飞科早在1998年就已经进入了中国市场，其产品的质量、信誉也已经得到了广大中国消费者的认可。飞科是男士护理方面领先的公司，产品包括剃须刀、刀片及其他剃须辅助品。同时，在某些女性护理产品（如脱毛产品方面），飞科也处于世界领先地位。

剃须刀一般是卖给男士的，飞科却想把它卖给女士，这足以鲜见，也印证了飞科人的精神——敢于挑战。飞科剃刀的刀头设计是旋转式。目标人群绝大部分锁定的是成熟绅士。

男士理容的一个重要内容就是剃须，这一直是飞科的专长，但剃须是在皮肤上进行操作，不了解皮肤，男人是很难剃得干净又舒适的，因此，脸部的理容应该包括剃须和肌肤护理两部分。飞科将在剃须的基础上加入面部护理的内容，由剃须到皮肤护理，这是很容易让消费者接受的。

东方男士的身体特征决定了中国男性的胡须较少，相对于剃须刀的功能，他们更注重精神层面的需求，因此品牌对他们更有吸引力。其实，在美国，男孩子到了18岁，父亲会教他怎么剃须，但在中国这样的父子交流不是很典型。与西方人相比，中国的年轻人一直都在自己寻找答案，无论是生活还是工作，他们大多从外部获得信息让自己成长，这是中西方有区别之处。

在很大程度上，品牌都是在精神层面上跟自己的受众共鸣，而且要有连贯性，而维持这种共鸣，为受众提供一种理念，是品牌面临的最大挑战。

（资料来源：飞科剃须刀品牌介绍（一款让男人爱不释手的理性选择）[EB/OL]. 电脑装配网，2023-05-17.）

任务 1　电动剃须刀拍摄

一、任务目标

李明所在公司接到某家电经营企业发来的电动剃须刀拍摄及商品详情页设计订单，要求拍摄人员拍摄电动剃须刀商品图片，表现出电动剃须刀的外观、结构和功能，以吸引消费者购买产品。

二、任务分析

男士理容的一个重要内容就是剃须，拥有一款好的电动剃须刀不仅使用便捷，还能提升洁面效率，因此，电动剃须刀受到无数男性消费者的喜爱。本任务需要拍摄老师先分析电动剃须刀的卖点、拍摄思路，再通过拍摄充分地展现电动剃须刀的功能性和实用性。

三、任务实施

1. 电动剃须刀卖点分析

数码电器主要是以其功能性和实用性吸引消费者购买，因此在拍摄数码电器类商品时，要体现出商品的功能性和实用性。

在正式拍摄电动剃须刀前，需要仔细阅读厂家提供的介绍资料，了解电动剃须刀的设计理念、结构、功能、特点等信息，并根据提供的信息总结拍摄思路。根据查询的资料，将本任务中电动剃须刀的卖点总结为以下几点。

（1）精钢刀网：弧面双环刀网设计，剃须效率提高 60%，快速去除胡须。

（2）自研磨刀片不卡顿：进口钢材，刀头可用 5~10 年，越用越锋利。

（3）小机身易携带：掌心大小，打造精致潮男，迷你机身，放进口袋里的时尚，仅鸡蛋大小，不占空间。

（4）全身水洗：干湿双剃，随心所欲。

（5）差旅便携：采用 USB 接口充电，与手机充电头通用，不管去哪都可以插电自如，使出行方便。

2. 电动剃须刀拍摄思路

本任务中的电动剃须刀图片主要是在白色背景和深蓝色场景中进行拍摄，电动剃须刀视频主要通过模特使用场景拍摄，并添加字幕说明主要卖点。在拍摄时，需要对相机拍摄参数进行调试，图 6-1 所示分别为电动剃须刀整体、细节图和场景图拍摄所用的相机拍摄主要参数（配套资源：效果/项目六/电动剃须刀/）。

通过对电动剃须刀的卖点进行分析，最终选择从以下四方面进行电动剃须刀的拍摄。

1）纯色背景整体图拍摄

在纯色背景中拍摄电动剃须刀的各个零件，帮助消费者了解各个零件的外观。本例将拍摄电动剃须刀俯拍图、平拍图、充电盒俯拍图、电动剃须刀零件俯拍图，具体介绍

照相机型号	Canon EOS 6D	照相机型号	Canon EOS 6D
光圈值	f/8	光圈值	f/8
曝光时间	1/125秒	曝光时间	1/125秒
ISO速度	ISO-125	ISO速度	ISO-125
曝光补偿	0	曝光补偿	0
焦距	105毫米	焦距	100毫米
最大光圈	4	最大光圈	3
测光模式	点	测光模式	点
目标距离		目标距离	
闪光灯模式	闪光，强制	闪光灯模式	闪光，强制
闪光灯能量		闪光灯能量	
35 mm焦距		35 mm焦距	

图 6-1　相机拍摄主要参数

如下。

（1）电动剃须刀俯拍图：将电动剃须刀平放在白色背景上，调整角度，在右上方 45°位置布置较亮的灯光作为主光，使投影效果更加明显，相机高于电动剃须刀，从正前方 45°角俯拍，展现电动剃须刀的俯拍外观，如图 6-2 所示。

图 6-2　产品 45°角俯拍图

（2）电动剃须刀平拍图：将相机与电动剃须刀的高度持平，从正前方进行拍摄，展现电动剃须刀的外观，展现电动剃须刀精美、小巧的立体效果，如图 6-3 所示。

（3）电动剃须刀零件俯拍图：将电动剃须刀包含的所有零件放置在白色背景中，相机高于电动剃须刀，从正前方 45°角俯拍。在摆放零件时，要注意各个零件的摆放顺序与摆放位置，整齐有序才能使消费者快速了解电动剃须刀所包含的零件，如图 6-4 所示。

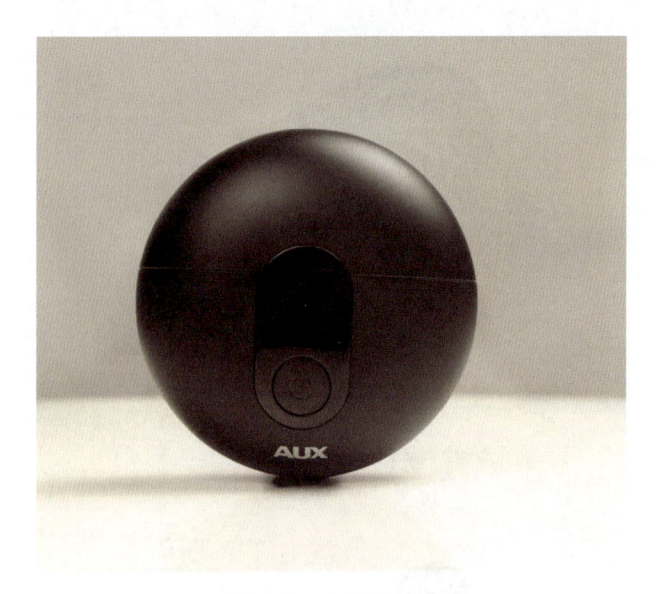

图 6-3　产品平拍图

图 6-4　零件俯拍图

2）纯色背景局部细节图拍摄

局部细节图可以对电动剃须刀的刀头、智能数显、USB 充电接口等细节进行展示，突出这些细节的结构设计优点与功能，从而加深消费者对电动剃须刀卖点的记忆。

（1）刀头特写：将剃须刀刀头 45°角摆放，拍摄电动剃须刀刀头，突出材质、结构等特点，如图 6-5 所示。

（2）智能数显特写：放置在白色背景中，调整并统一角度进行拍摄，突出智能数显特征，如图 6-6 所示。

图 6-5　刀头特写

图 6-6　智能数显特写

（3）充电口使用方法特写：将 USB 数据线插在电动剃须刀的 USB 接口上，调整剃须刀的摆放角度，拍摄充电口的 USB 连接部分，展示充电口的使用方法，如图 6-7 所示。

图 6-7　充电口使用方法特写

3）场景图拍摄

场景图拍摄可以让商品展现的效果更加真实，更能赢得消费者的信任。由于电动剃须刀的颜色为黑色，男性化特征明显。因此，场景采用灰色为主色调，将卡片作为场景装饰物品，然后通过电动剃须刀各个零件的组合与摆放，形成电动剃须刀的拍摄场景图，下面具体进行介绍。

（1）电动剃须刀头与搭配拍摄：在背景中添加卡片作装饰，然后打开上方盖子，俯拍电动剃须刀刀头的整体效果，如图 6-8 所示。

图 6-8　电动剃须刀头与搭配拍摄

电动剃须刀开盖模式拍摄：添加卡纸作装饰，打开电动剃须刀盖子，摆放好剃须刀与卡片的位置。平拍电动剃须刀的开盖模式，如图 6-9 所示。

图 6-9　开盖模式

（2）充电 USB 接口拍摄：俯拍电动剃须刀身下方的 USB 接口，如图 6-10 所示。

图 6-10　充电 USB 接口

4）视频拍摄

本任务选择了符合电动剃须刀消费者特征的男性模特进行电动剃须刀视频的拍摄。主要拍摄了模特打开包装盒，使用电动牙剃须刀剃胡须，然后清洁剃须刀内部胡渣，最后将电动剃须刀揣进裤兜。另外，为电动剃须刀充电的场景拍摄完成后，可添加背景音乐和字幕，对电动剃须刀的清洁模式、刀头转动、刀头内部结构以及便携性等卖点进行直观的展示。图 6-11 所示为部分视频拍摄片段。

图 6-11　部分视频拍摄片段

3. 数码电器类商品拍摄技巧

在拍摄数码电器时，主要根据商品的功能与卖点进行拍摄。如拍摄微波炉，可搭配新鲜的食材，对商品的功能性进行展示；而拍摄空气炸锅时，单纯的商品功能不易引起消费者的关注，因此，在拍摄时需要加入温馨的元素。在图 6-12 所示的空气炸锅商品图片中，通过加入美食、碗碟等元素，来营造家的温馨气氛。

拍摄数码电器时，光线布置也尤为重要。在进行商品布光时，先重点掌握主光的运用方法。主光是拍摄商品的主要光线，通过调整主光的角度、位置与强度，可展现商品的整个轮廓，然后利用辅助光调整画面的光线反差。由于大多数数码电器商品的表面都进行了喷漆处理，无论是亮光漆还是亚光漆，反光率都不会很高，因此在拍摄和布光时，只要光源面积足够大、光线足够均匀，就能准确展现出商品的质感与色彩。

图 6-12　空气炸锅

同步案例

6-1 点读笔拍摄

本任务拓展将拍摄一款银色的点读笔，为避免出现色差，以白色背景布作为主要场景，拍摄时要求全方位展示点读笔的机身、包装和全部零件，帮助消费者全面了解点读笔。拍摄时的参考效果如图 6-13 所示（配套资源：素材/项目 6/点读笔）。

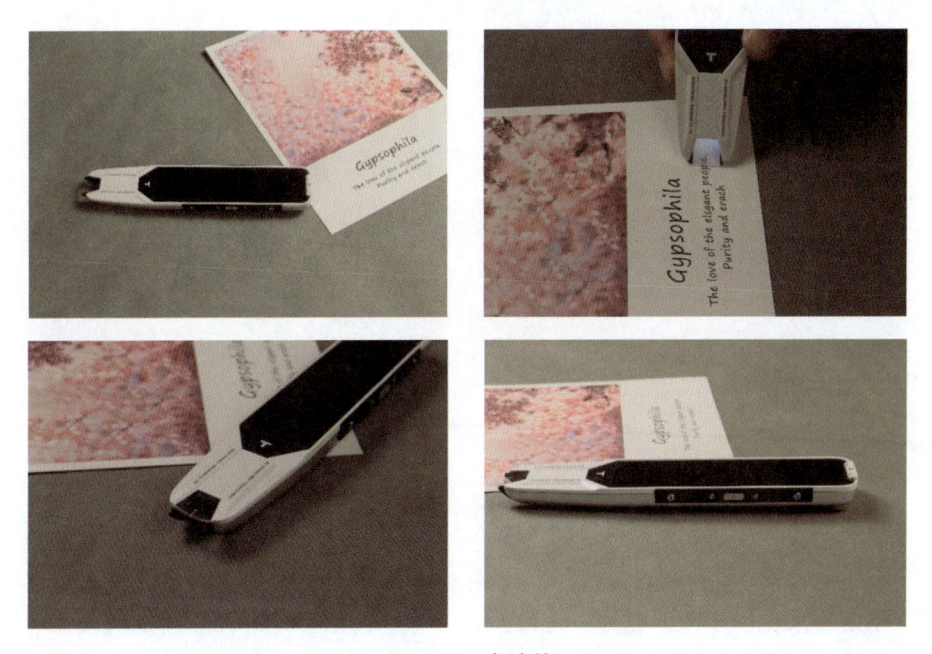

图 6-13　点读笔

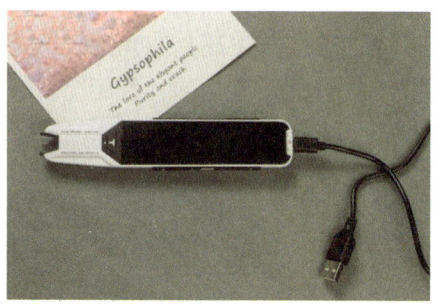

图 6-13　点读笔（续）

6-2 塔扇拍摄

本任务拓展将拍摄一组白色塔扇的商品图片，为了营造立体感，选择白色墙面和地面做拍摄背景。在拍摄时，首先对塔扇机身进行平拍、俯拍，展示塔扇的外观与构造；然后拍摄密格栅图片和底座图片，展示顶部控制按钮，最后拍摄场景图，突出塔扇的美观性和智能性，让消费者感受其使用场景，拍摄参考效果如图 6-14 所示（配套资源：素材/项目 6/塔扇）。

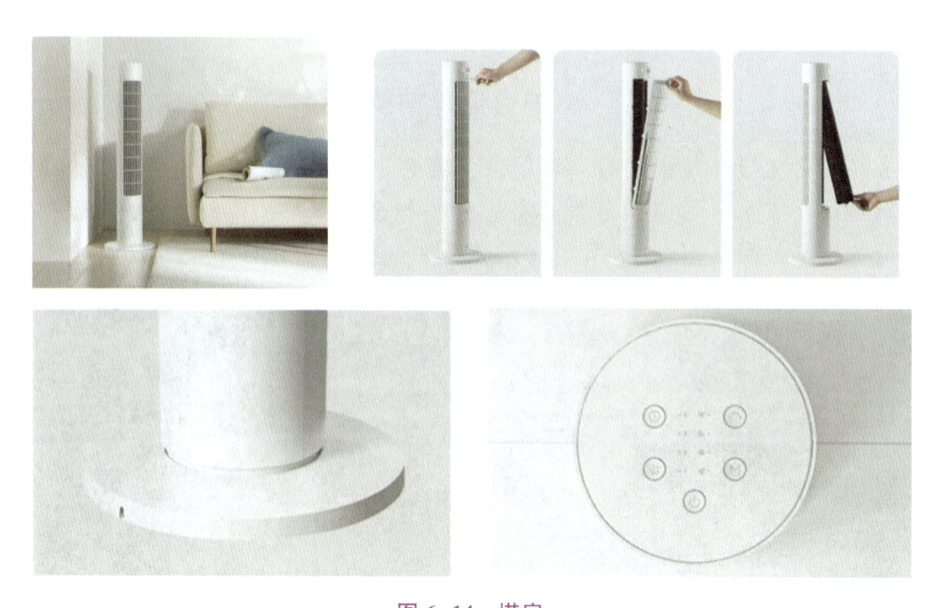

图 6-14　塔扇

知识拓展

6-1 高手秘籍

很多数码电器商品都带有电镀件，电镀件的高光洁度造成的镜面极易反映出周围的环境的现象注定了添加的光源则会造成耀斑，在布光时可在主光的另一侧使用大面积的反光板，使电镀件的明度保持一致。

任务 2　电动剃须刀商品图片与短视频优化

一、任务目标

当收到拍摄的电动剃须刀商品图片和短视频的任务后,为了使商品图片和短视频呈现的视觉效果更加美观、更具有吸引力,需要先对商品图片进行处理,再对短视频进行优化,最后才能将商品图片和短视频上传到网店中。

二、任务分析

将拍摄的电动剃须刀商品图片和短视频导入计算机中,分析商品图片和短视频的拍摄效果,再进行优化处理。本任务将分别进行电动剃须刀商品图片优化、电动剃须刀主图制作、电动剃须刀海报制作、电动剃须刀视频片头制作、电动剃须刀视频剪辑、为视频添加背景音乐以及为电动剃须刀视频添加字幕,讲解电动剃须刀商品图片和短视频的优化与制作方法。

三、任务实施

1. 电动剃须刀图片优化

观察发现,拍摄出的电动剃须刀商品图片的背景较暗,为了使商品图片更加美观,可替换背景颜色。下面先通过钢笔工具为商品创建选区,再反选背景,将背景调整为白色,具体操作步骤如下。

步骤1　启动 Photoshop 2020,打开素材文件(配套资源:素材项目6电动剃须刀.jpg),在工具箱中单击快速选择工具 按钮,在属性栏中单击 按钮,这时在图像上框选中电动剃须刀的主体部分,使其自动形成选区,如图6-15所示。

如何实现商品背景调色

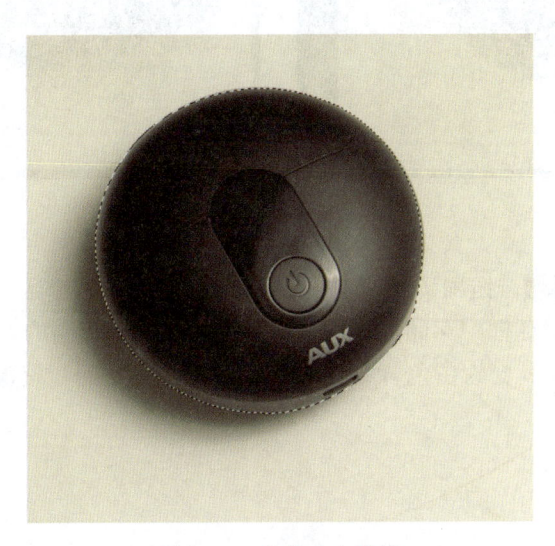

图6-15　主体建立选区

步骤 2　按 Ctrl+Shift+I 组合键反选背景，如图 6-16 所示。

图 6-16　反选背景

步骤 3　按 Ctrl+L 组合键打开【色阶】对话框，单击右侧白色滴管 按钮，单击灰色背景，自动调节背景的色阶值，此时可发现背景变为白色，如图 6-17 所示。

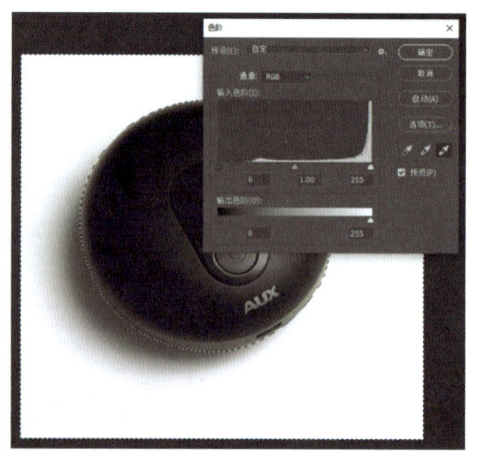

图 6-17　色阶调白色背景

步骤 4　单击 确定 按钮确认调整，按 Ctrl+D 组合键取消选区，选择【文件】/【存储为】命令，在打开的对话框中存储处理后的商品图片。使用相同的方法继续处理其他有灰色背景的商品图片，使其变为白色背景，如图 6-18 所示（配套资源：素材/项目 6/电动剃须刀白底图片 .jpg）。

图 6-18 电动剃须刀白底图片

2. 电动剃须刀主图制作

在网页中搜索电动剃须刀时，一般会出现商品主图。下面利用处理后的电动剃须刀图片制作商品主图，具体操作步骤如下。

步骤1 选择【文件】/【新建】命令，打开【新建】对话框，设置图片大小为"800像素×800像素"，分辨率为"72像素/英寸"，名称为"电动剃须刀主图"，单击【确定】按钮，如图6-19所示。

主图背景
尺寸制作

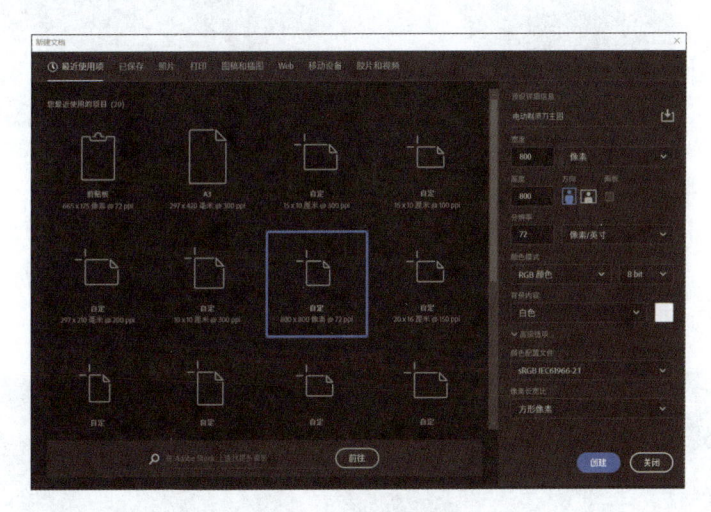

图 6-19 新建文件

步骤2 新建图层，在工具箱中选择矩形工具绘制矩形，如图6-20所示。
步骤3 单击工具栏中的渐变工具■按钮，设置渐变色彩，选择【径向渐变】命令，如图6-21所示。
步骤4 选择背景图层，将底部白色填充线性渐变色彩，如图6-22所示。

商品信息采编

图 6-20　绘制矩形　　　　图 6-21　径向填充渐变　　　　图 6-22　线性渐变填充

步骤 5　打开"电动剃须刀（6）.jpg"素材文件（配套资源：素材项目 6/电动剃须刀/白底图片/电动剃须刀（6）.jpg），在工具箱中单击快速选择工具 按钮，将电动剃须刀转化为选区，拖动电动剃须刀至主图背景中，调整电动剃须刀的大小、位置和角度，如图 6-23 所示。

图 6-23　置入商品图片

步骤 6　双击电动剃须刀所在图层，在打开的【图层样式】对话框中选中"投影"复选框，设置不透明度为"35"，角度为"90"，距离为"13"，扩展为"28"，大小为"29"，单击【确定】按钮查看投影效果，如图 6-24 所示。

图 6-24　设置投影

步骤7　在工具箱中选择横排文字工具，在电动剃须刀右侧输入文字，设置文字格式为"微软雅黑、60点、白色"，栅格化文字并将载入选区，添加渐变色彩，如图6-25所示。

步骤8　输入文字，文字格式为"微软雅黑、30点、白色"，如图6-26所示。

图6-25　添加渐变文字　　　　　　　　图6-26　添加白色文字

步骤9　在工具箱中单击圆角矩形工具■按钮，绘制三个圆角矩形，如图6-27所示。

步骤10　在圆角矩形里输入文字，如图6-28所示。

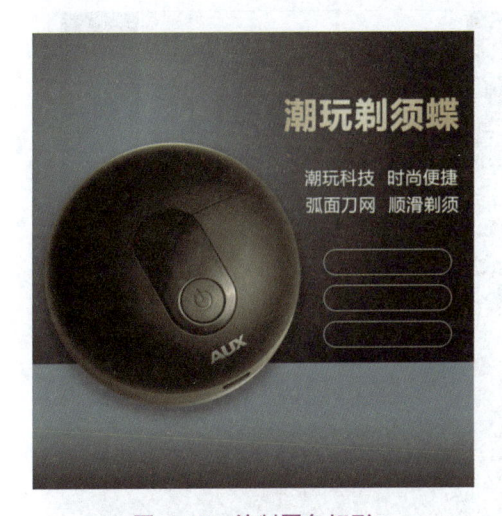

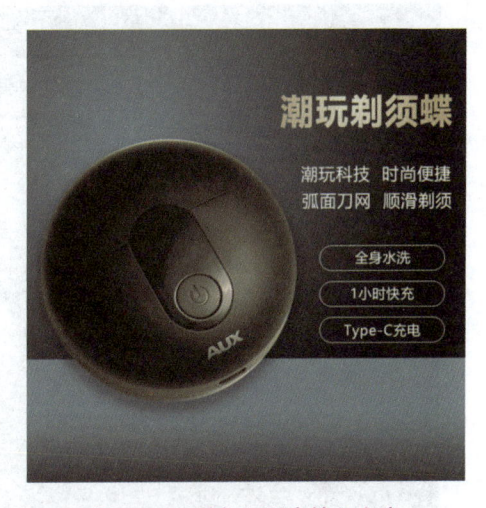

图6-27　绘制圆角矩形　　　　　　　　图6-28　圆角矩形中输入文字

步骤11　输入文字，保存主图设计文件，最终效果如图6-29所示。

3. 电动剃须刀视频片头制作

本任务将先在剪映软件中添加剪辑白幕视频，再添加电动剃须刀品牌名称片头贴图和字幕，完成电动剃须刀视频片头制作视频片头的制作，具体操作步骤如下。

步骤1　打开剪映软件，打开【新建路径】对话框，输入片名为"电动剃须刀"，在"视频大小"下拉列表中选择"1 280×720"选项，单击【确定】按钮，如图6-30所示。

图 6-29　最终效果　　　　　　　　　　　　图 6-30　新建路径

步骤 2　单击【导入】按钮，插入"白幕视频.jpg"文件作为片头。

步骤 3　在【进度条】对话框数值框中输入"00.00.04.000"，设置片头时长为"4 秒"，单击【确定】按钮，如图 6-31 所示。

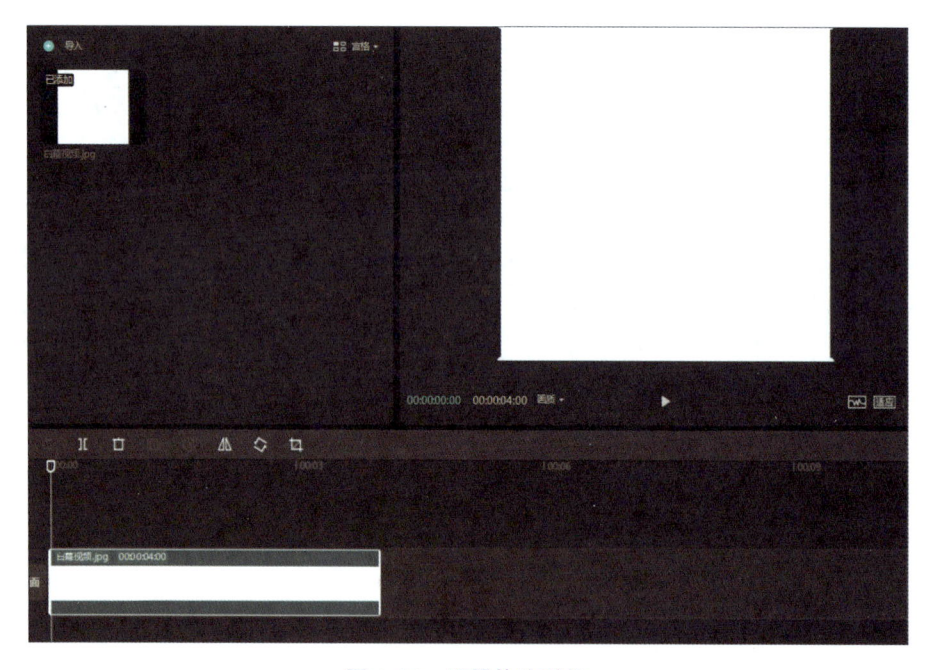

图 6-31　设置片头时长

步骤 4　选择【叠加素材】选项卡，单击左下角的【确定】按钮，打开【选择贴图】对话框，在【请在下方列表中选择贴图】列表框底部单击【添加贴图至列表】按钮，如图 6-32 所示。

图 6-32 贴图

步骤 5　打开【导入】，选择"电动剃须刀 Logo.png"素材文件（配套资源：素材/项目 6/电动剃须刀/电动剃须刀 Logo.png），单击【打开】按钮，如图 6-33 所示。

图 6-33 导入 logo

步骤 6　在右上角的视频窗口拖动四角调整素材大小，并移动到页面左下角。

步骤 7　保持贴图的选中状态，在右侧列表框中的【动画】栏中单击选中【渐显】，单击【添加】按钮。

步骤 8　选择左侧【文本】打开【新建文本对话框】，输入文本"智慧，让生活先行一步"，如图 6-34 所示。

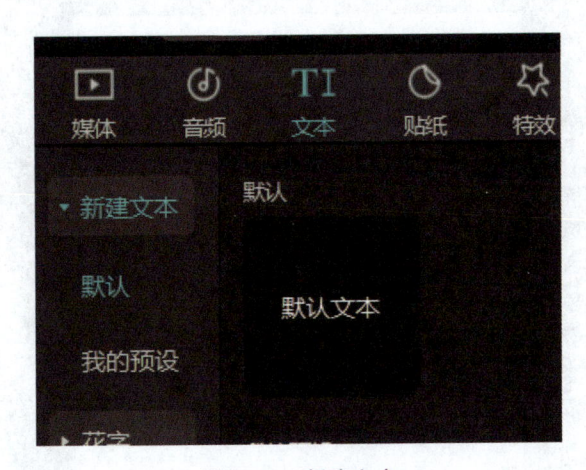

图 6-34 新建文本

步骤 9　在右侧的【字体设置】标签中字体为"系统"，字号 11，设置文本颜色为"黑色"，如图 6-35 所示。

图 6-35 字号设置

步骤 10 在下方对话框中，调整视频时长，如图 6-36 所示。

图 6-36 设置视频时长

步骤 11 单击【播放试试】按钮来播放视频，如图 6-37 所示。

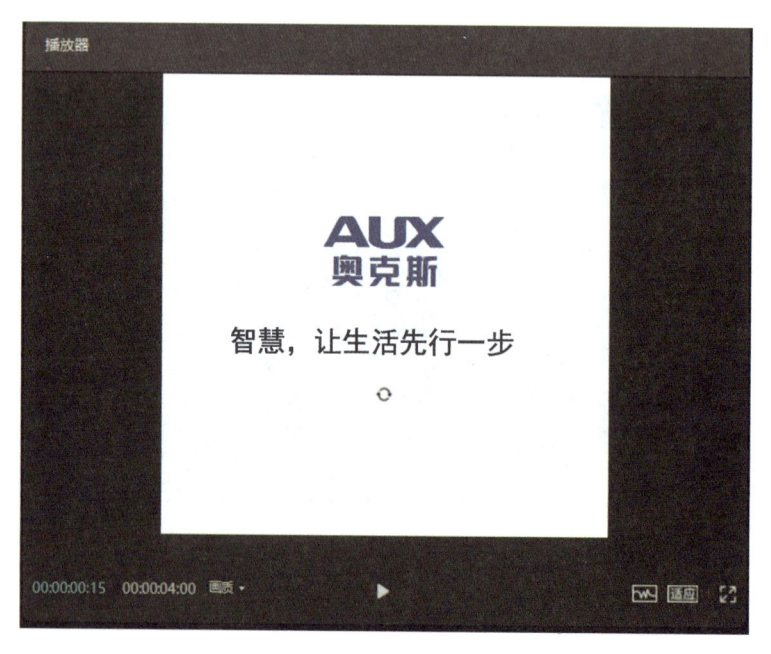

图 6-37 播放视频

4. 电动剃须刀视频剪辑

刚拍摄完的电动剃须刀视频短片较为杂乱,需要进行剪辑整理。本任务将使用剪映软件剪辑多段电动剃须刀视频,具体操作步骤如下。

步骤 1　选择并导入选择要剪辑的视频素材,如图 6-38 所示。

图 6-38　导入素材

步骤 2　选择要剪辑的视频,将其拖动到剪辑对话框,按顺序排列,减去不需要的视频片段,如图 6-39 所示。

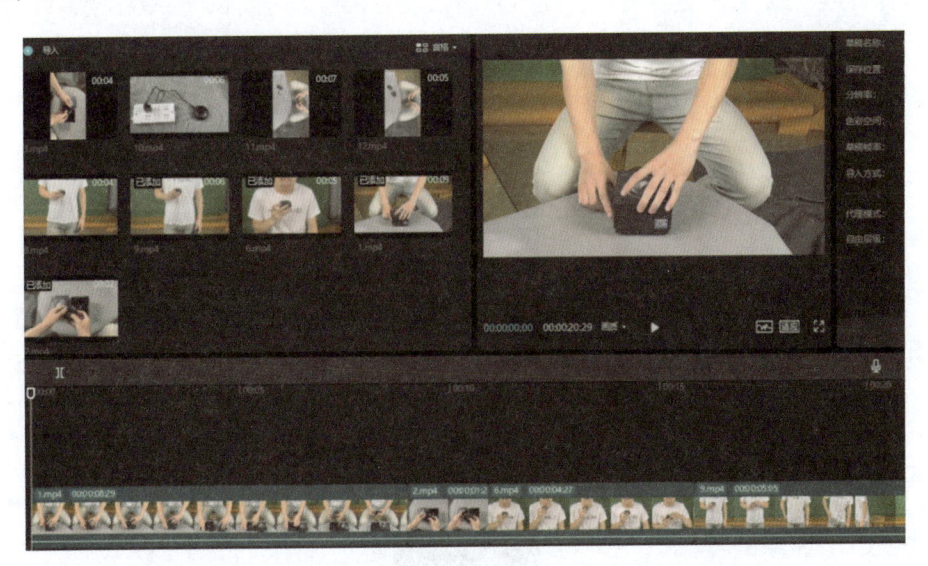

图 6-39　减去片段

步骤 3　待视频剪辑完成之后,在剪辑对话框左边有一个"喇叭"的图标,单击之后就可以关闭视频原声,如图 6-40 所示。

图 6-40　关闭原声

步骤 4　使用相同的方法继续剪辑其他视频到文件中,剪辑视频并消除视频原声,单击【播放】按钮播放视频,如图 6-41 所示。

图 6-41　播放

5. 为电动剃须刀视频添加背景音乐

本任务将为电动剃须刀短视频添加节奏轻快的背景音乐。在制作时先导入背景音乐素材,然后对背景音乐素材进行剪辑,使其时间长度与视频的时间长度一致,然后设置"淡入淡出"的效果,具体操作步骤如下。

步骤 1　单击左侧【音频】按钮,选择音乐素材,如图 6-42 所示。

图 6-42　选择素材

步骤2　打开【音乐素材】对话框,选择需要的背景音乐,这里选择素材中的纯音乐,如图 6-43 所示。

图 6-43　音乐素材

步骤3　打开【截取】对话框,对照视频素材截取音乐时长,如图 6-44 所示。

图 6-44　截取时长

步骤4　返回软件界面,查看已经添加的音频,单击动画选中【头尾声音淡入淡出】复选框,如图 6-45 所示。

图 6-45　添加动画

6. 为电动剃须刀视频添加字幕

在主图视频中添加字幕能提高商家的专业度以增加流量,还可对商品的使用方法或功能通过文字加以传递。本任务将为主图视频添加字幕，具体操作步骤如下。

步骤1　打开左侧文本对话框，选择新建文本，如图6-46所示，用于字幕标注。

图6-46　新建文本

步骤2　在对话框中输入文字"迷你小巧——一手掌握"，单击【确定】按钮，如图6-47所示。

图6-47　输入文字

步骤3　调整文字出现时长，单击下方剪辑对话框，对应视频裁剪文字时长，如图6-48所示。

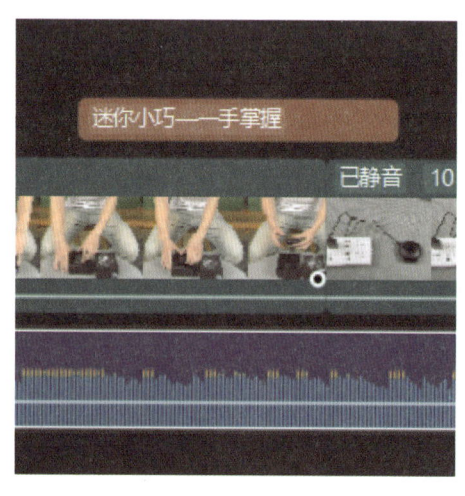

图6-48　调整文字时长

步骤4　继续输入"一小时快充""弧面双环刀网"文字，在左侧的【字体设置】标签中设置字体为"系统"，大小为"12"，单击【单色】栏后的色块，设置文本颜色为"黑色"，如图6-49所示。

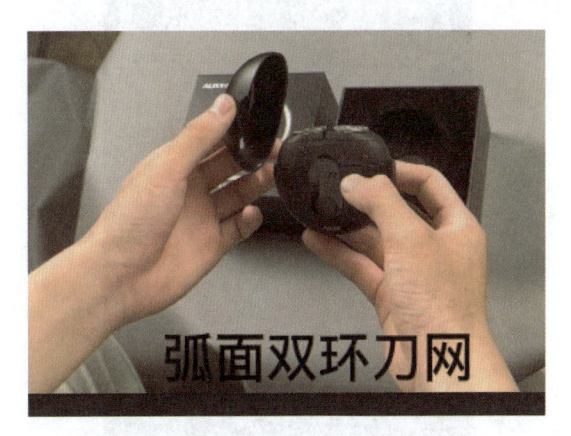

图6-49　文字设置

步骤5　在剪辑对话框中，修改文字出现时长，如图6-50所示。

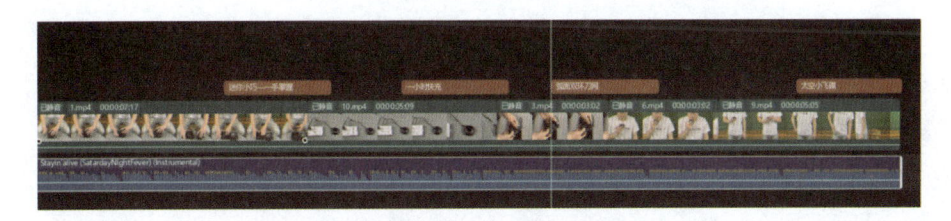

图6-50　修改文字时长

步骤6　使用相同的方法制作其他视频片段的字幕，如图6-51所示。

图6-51　添加字幕

步骤7　在预览面板右上角单击【导出视频】按钮，打开【导出】对话框。
步骤8　打开【导出】对话框，设置保存路径和文件名，此处的作品名为"电动剃须刀"，然后单击【保存】按钮，如图6-52所示。
步骤9　返回【导出设置】对话框，单击【导出】按钮，开始导出视频，导出完成后将显示导出成功字样，至此完成剃须刀短视频的优化。

图 6-52 保存

职场透视

Premiere 复制粘贴素材小技巧

1. 打开 Premiere Pro，并创建一个新的项目或打开现有的项目。

2. 导入素材，这可以是视频片段或图片素材。将这些素材拖曳到时间轴上以添加它们。

3. 选择要复制的素材，可以通过点击并按住鼠标左键拖动来选择多个素材。

4. 复制素材，按住 Alt 键的同时单击所选中的素材，然后执行【编辑】/【复制】（快捷键为 Ctrl+C）。

5. 粘贴素材，返回到项目面板或活动监视器，找到你想要粘贴素材的位置。然后执行【编辑】/【粘贴】（快捷键为 Ctrl+V）或选择相应的粘贴选项。

固本培元

一、单选题

1. 下列对"在 Photoshop 中复制多个图层"的叙述中正确的是（　　）。

A. 按住 Ctrl 选中想复制的图层，拖动到图层复制按钮上

B. 按住 Ctrl 选中想复制的图层，选择图像>复制

C. 按住 Ctrl 选中想复制的图层，选择文件>复制图层

D. 按住 Ctrl 选中想复制的图层，选择编辑>复制

2. 在 Photoshop 中反选的组合键是（　　）。

A. Shift+Ctrl+I　　B. Shift+Ctrl+J　　C. Shift+Ctrl+C　　D. Shift+Ctrl+V

3. 对于 Photoshop 文字图层栅格化前后说法不正确的一项是（　　）。

A. 文字图层栅格化前可以直接改变字体颜色

B. 文字图层栅格化后可以调整字体颜色

C. 文字图层栅格化前可以使用橡皮擦对文字进行擦拭

D. 文字图层栅格化后可以使用橡皮擦对文字进行擦拭

4. Photoshop 提供了六种工具，包括（　　）矩形工具、圆角矩形工具、椭圆工具、多边形工具、直线工具和自定形状工具。

A. 绘图工具　　B. 形状工具　　C. 组合工具　　D. 自定义工具

5. 色彩中最为被动的是（　　），属于中性色，有很强的调和对比作用。

A. 橙色　　B. 灰色　　C. 黑色　　D. 白色

二、多选题

1. 以下哪项不是提炼和挖掘图形意义的手段（　　）。

A. 数据分析　　B. 象征比拟　　C. 调查问卷　　D. 案例分析

2. 下面哪个选项是 JPEG 格式支持的（　　）。

A. CMYK　　　　　　　　　B. RGB

C. 灰度颜色模式　　　　　D. 透明度

3. 在用户界面设计中，对比主要有大小、（　　）、黑白。

A. 色彩　　B. 粗细　　C. 简繁　　D. 难易

4. 产品需求分为哪三种？（　　）

A. 战略级产品需求　　　　B. 用户级的需求

C. 界面使用级　　　　　　D. 用户体验级需求

5. 下列描述中哪些是正确描述 Photoshop 背景层的？（　　）

A. 在图层调板上背景层是不能上下移动的，只能是最下面一层

B. 背景层可以设置图层蒙版

C. 背景层不能转移为其他类型的图层

D. 背景层不可以执行滤镜效果

三、判断题

1. Photoshop 中的修复画笔工具可用于消除图像中的瑕疵，它跟污点修复画笔工具的最大区别在于需要先取样再修复。（　　）

2. Photoshop 中决定魔棒工具灵敏度的参数是属性栏中的像素。（　　）

3. Photoshop 中自由变换（在 Windows 操作系统下）的组合键是 Ctrl+T。（　　）

4. 双关图形法是同一图形能同时解读出两种含义，除了表面的寓意之外还包含另一层含义。（　　）

5. 交互设计是设计人造系统的行为的设计领域，它定义了两个或多个互动的个体之间交流的内容和结构，使其互相配合，共同达成某种目的。（　　）

四、问答题

1. 分析电动剃须刀的卖点有哪些？

2. 如何拍摄电动剃须刀的局部细节图？

3. 拍摄数码电器类商品有哪些技巧？

融会贯通

电动牙刷商品图片拍摄

电动牙刷商品拍摄包括对电动牙刷的卖点进行分析，然后整理拍摄思路，分别拍摄电动牙刷纯色背景整体展示图片、电动牙刷纯色背景局部细节展示图片、电动牙刷场景图片、电动牙刷视频。

思考题：

1. 分析电动牙刷的卖点有哪些？
2. 如何拍摄电动牙刷的局部细节图？

笃行致远

一、实训目标

电动吹风机商品图片拍摄

二、实训背景

某经营小型家电的店铺要上新一款电动吹风机，现要求商品信息采编人员拍摄电动吹风机的商品图片，表现出电动吹风机的外观、结构和功能，从而吸引消费者购买。

三、实训要求

本任务将对电动吹风机的卖点、拍摄思路进行分析，再通过拍摄手法充分展现电动吹风机的功能特性和实用性。

四、实训步骤

（1）卖点分析：体现商品功能性和实用性。

（2）拍摄思路：在不同背景下进行拍摄。

（3）拍摄技巧：对功能和卖点进行拍摄。

五、实训成果

拍摄出符合电动吹风机的电商专供图片，从而在激烈的竞争中获得优势。

项目 7　珠宝首饰类商品信息采编与优化

【知识目标】
1. 掌握珠宝首饰类商品图片的拍摄、处理方法。
2. 掌握珠宝首饰类商品详情页、主图、海报的设计方法。
3. 掌握珠宝首饰类商品短视频的拍摄、处理方法。

【能力目标】
1. 能够完成珠宝首饰类商品图片的拍摄、处理。
2. 能够完成珠宝首饰类商品主图、海报、详情页的制作。
3. 能够完成珠宝首饰类商品短视频的优化工作。

【素养目标】
1. 培养精益求精的工匠精神。
2. 提高积极思考、解决问题的意识。

提要钩玄

- 珠宝首饰类商品信息采编与优化
  - 项链拍摄
    - 项链的卖点分析
    - 项链的拍摄思路
    - 项链的拍摄过程
  - 项链商品的图片处理
    - 模特展示图片处理
    - 项链细节图片处理
  - 项链商品主图、海报制作
    - 项链主图制作
    - 项链海报制作
  - 项链商品详情页设计
    - 制作宣传模块
    - 制作卖点模块
    - 制作商品展示和商品信息模块

导入案例

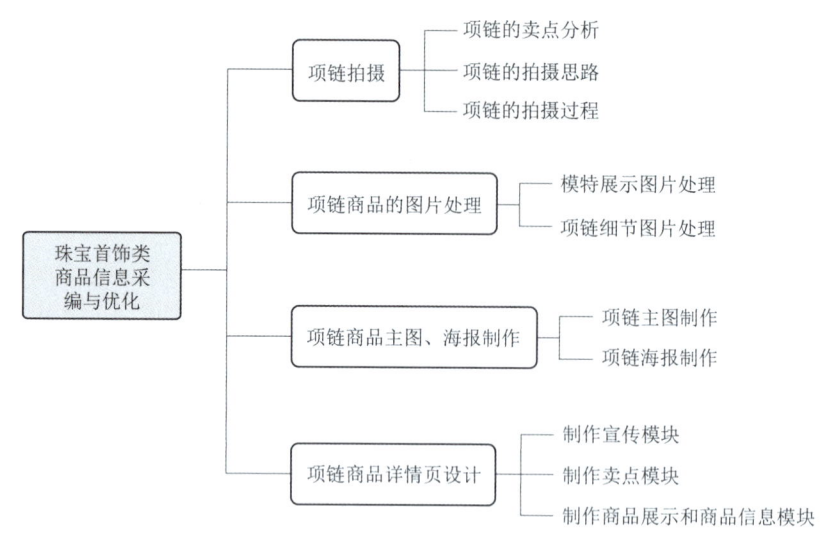

为维护消费者合法权益，促进直播新业态规范健康有序发展，云南省市场监管局近日制定了《关于加强珠宝玉石网络直播营销活动监管的指导意见》。

《关于加强珠宝玉石网络直播营销活动监管的指导意见》从压实网络直播营销有关主体法律责任、严格规范珠宝玉石网络直播营销活动、依法查处网络直播营销违法行为3个方面，出台了18条具体措施。

《关于加强珠宝玉石网络直播营销活动监管的指导意见》提出，网络直播营销平台应按照电子商务法的规定履行电子商务平台经营者的责任和义务。网络直播间运营者应按照消费者权益保护法、产品质量法等相关法律规定，履行相应的责任和义务。网络直播营销人员对直播商品的宣传应当真实、合法，符合广告法、反不正当竞争法的有关规定。

《关于加强珠宝玉石网络直播营销活动监管的指导意见》明确，网络直播运营者通过网络直播销售珠宝玉石，应通过具备合法资质的第三方检验检测机构对所经营的珠宝玉石进行检验。网络直播运营者、网络直播营销人员应保证直播内容信息真实合规。在珠宝玉石直播营销活动中，应充分保障消费者的知情权和选择权。

《关于加强珠宝玉石网络直播营销活动监管的指导意见》强调，市场监管部门将根据电子商务法、消费者权益保护法、广告法、产品质量法、反不正当竞争法、价格法、网络交易监督管理办法、网络直播营销管理办法、云南省珠宝玉石饰品质量监督管理办法，依法查处有关违法行为，重点解决销售假冒伪劣商品、侵犯消费者合法权益等突出问题。

据了解，全省各级市场监管部门将依托"铁拳"行动，进一步加强珠宝玉石网络直播营销活动监管，督促经营者依法合规经营，维护公平、有序的竞争环境。

（资料来源：云南省加强珠宝玉石网络直播营销监管［EB/OL］.人民网，2022-06-11.）

任务 1　项链拍摄

一、任务目标

某珠宝首饰类店铺近期打算上架新商品，包括手表、项链、手链、耳钉等。李明所在公司接到了该珠宝首饰公司的新订单任务。该订单任务同样包括商品拍摄、商品图片美化、商品主图、海报设计、短视频优化、详情页设计这几项工作。那每一项工作该如何实施呢？

为配合店铺上新，拍摄人员需要进行商品信息采集，拍摄项链商品图片，从而突出项链商品卖点，以吸引消费者，刺激他们购买商品。

二、任务分析

项链是小件商品，拍摄时可重点展示局部佩戴效果。材质有金银造型和宝石配合，拍摄时要注意布光和背景选择以突出商品卖点。

三、任务实施

（一）拍摄方式

珠宝首饰类商品常用的拍摄方式常用的有模特拍摄、悬挂拍摄和平铺拍摄。模特拍摄用来展示珠宝首饰佩戴的整体效果，可以重点展示佩戴的局部效果。悬挂拍摄适合项链、手链等细长造型的展示。平铺拍摄擅长珠宝首饰的细节展示，可将商品展示得更直观。

（二）拍摄内容

1. 项链的卖点分析

在拍摄项链之前，需要了解商品的详细信息，熟悉项链的设计理念、特色、材质等，分析项链卖点，构思项链拍摄思路。根据商家提供的信息（表 7-1），这款项链的卖点可提炼为以下几点。

表 7-1　项链信息

品牌	相伴一生	链子材质	玫瑰金	风格	新中式
成色	全新	价格区间	500~800 元	适用性别	女
是否多层	否	颜色分类	玫瑰金	链子样式	其他
坠子材质	人造水晶	是否带坠	是	延长链长度	5 cm 以下
镶嵌材质	人工宝石	上市时间	2023 年春季	货号	12345678
是否现货	现货	周长	42 cm	是否商场同款	否

（1）设计理念：相传，能够找到四瓣花的人就一定能获得幸福。每朵花瓣都代表不同的含义和意义，第一片是健康，第二片是真爱，第三片是幸运，第四片是幸福。

（2）造型灵动：别致四瓣花双吊坠造型，立体美观，时尚大方。

（3）碎钻群镶：透明密镶仿水晶石，典雅迷人。

（4）工艺效果：电镀金属色技术，做工精益，亮丽耐磨有光泽。

2. 项链的拍摄思路

在项链拍摄之前，先要思考卖点展现方式，再根据卖点布置场景。经过对卖点的分析，最终选择以下几种拍摄方案。

（1）模特展示：通过模特佩戴展示项链整体效果。项链属于小件商品，为了突出项链佩戴效果，选择拍摄模特佩戴局部图，对场景要求不高，但要注意光的处理。

（2）悬挂展示：选择白色背景，画面干净简洁，细节展示更清晰；将项链悬挂展示，表现其垂感、光泽度。从吊坠正面拍摄，展现双吊坠群钻镶嵌花朵造型，体现其立体感和做工精益，突出吊坠和链子的实物效果。

（3）平铺展示：平铺展示项链整体造型、双吊坠和链子的局部细节、碎钻群镶的卖点。沿用悬挂展示的白色背景，从正上方、斜45度方向两个角度拍摄展示。

3. 项链的拍摄过程

步骤1　选择白板（也可以是白墙）作为拍摄背景（图7-1），让模特站在白板前，补光灯从侧面照射模特，设置好相机参数（表7-2）后即可拍摄模特佩戴项链的效果，如图7-2所示。拍摄时，可以让模特在项链附近设计手部动作，用手将消费者的目光引向项链。

图7-1　模特拍摄场景

表7-2　模特拍摄相机参数

光圈	快门速度	感光度	曝光补偿	焦距
f/5.6	1/120 s	ISO 300	0 EV	120 mm

图7-2　模特拍摄效果

步骤2　将一个补光灯放置在项链的左前方作为主光照亮项链，或者使用黑色背景，增强色彩对比，突出链子的细节。利用工具将项链挂好后，设置相机参数（表7-3），分别拍摄无背景和白色背景下的项链，效果如图7-3所示。

表7-3　悬挂拍摄相机参数

光圈	快门速度	感光度	曝光补偿	焦距
f/5.6	1/120 s	ISO 300	0 EV	120 mm

图7-3　悬挂拍摄效果

步骤3　保持布光方式不变，根据展示需要摆放好项链，设置好相机参数（表7-4）后平铺拍摄，效果如图7-4所示。

表7-4　平铺拍摄相机参数

光圈	快门速度	感光度	曝光补偿	焦距
f/5.6	1/120 s	ISO 300	0 EV	120 mm

图 7-4 平铺拍摄效果

在拍摄项链时，还要掌握布光技巧。项链镶嵌的宝石具有晶莹剔透的特点，选用黑色或深色背景能够衬托出项链整体造型和质感；选用白色背景使得画面干净简洁，能充分展示细节，如图 7-5 所示。拍摄水晶常用的布光方式是包围式布光。这种布光方式需要准备灯光、台面、背景、硫酸纸、反光板、支架、夹子等道具或辅助材料，以展示商品的每个细节。此外，由于水晶表面光亮，直射光会使其产生光斑，因此在拍摄时，需要使用柔和的灯光，通过在聚光灯上添扩散片或描图纸的方式使光线变得柔和。

图 7-5 不同背景效果对比

若要拍出链子的金银色泽，一般需要采用直射光进行拍摄，如果还想突出金银首饰表面坚挺或圆润的造型，则可使用各种颜色的反光板进行补光，如图 7-6 所示。

图 7-6 链子的金银色泽效果

发凡举例

手表拍摄

手表的拍摄图，如图 7-7 所示。

图 7-7 手表

请参照以下提示，为图 7-7 制订拍摄方案。
1. 手表买点分析

从商家提供的商品信息、手表品牌、外形、设计理念、材质、风格等方面分析卖点（表 7-5）。除了手表的基本元素，还要重点突出其承载的传统文化因素和传统工艺。

表 7-5　商品信息

商品名称	千里江山·手表	手表类型	石英表
商品规格	表带长 25.6 cm；宽 1.5 cm；表盘直径 3.6 cm	商品包装	精包装
商品重量	135 克	商品用途	时间/装饰
商品材质	表盘合金；表链真皮	图案	3D 立体

2. 制订拍摄方案

根据归纳出的手表卖点，设计拍摄思路并制订拍摄方案。手表拍摄一般包括模特拍摄、多角度拍摄和细节拍摄等拍摄方式，拍摄内容包括整体效果、细节、卖点等；必要时可利用道具支起手表展示细节。

3. 实拍

手表大多属于反光类商品，因此拍摄时最好采用柔和的光照明。

职场透视

珠宝首饰类商品拍摄技巧

因为大多数珠宝首饰都较小，因此，拍摄时通常会使用微距镜头，通过使用小光圈虚化背景、创造景深、集中焦点、突出主题、强调空间感。

由于珠宝首饰类商品大多反射性强，在拍摄时还需要掌握一定的布光技巧。下面以钻石为例介绍首饰的布光技巧。钻石在加工后会形成很多个切割面，这些切割面在光的照射下会折射出多条光线，因此，使用直射光和散光灯拍摄容易引起曝光现象。拍摄钻石时，可使用柔光箱给钻石打光，避免引起曝光现象。为了使拍摄出来的钻石饰品效果更佳，还可以采用帐篷式拍摄。帐篷拍摄是指用帐篷把钻石包围起来，挡住周围和屋顶上的光线，再用柔光箱进行照明，拍摄者通过帐篷头顶预留的小缝来拍摄。

任务 2　项链商品的图片处理

一、任务目标

为了突出卖点、更有吸引力，还需要对拍摄的商品照片进行处理。

二、任务分析

珠宝首饰类商品图片常出现的问题主要有反光和模糊的问题，这也是本次项链商品图片处理的重点。

三、任务实施

1. 模特展示图片处理

1）图片分析

通过观察发现，模特展示图片整体色调偏暗，项链整体佩戴情况不够突出，需要整体进行调亮处理。

2）处理图片

步骤1　打开配套图片"素材与实例"-"项目7"-"原图"-"模特拍摄组"文件夹中的图片"DSC02065.jpg"文件，然后创建一个名为"调整模特拍摄组图片影调"的新动作（"窗口"-"动作"-"创建新动作 "）（图7-8），单击"记录"按钮。

调整图片影调

图7-8　创建"调整模特拍摄组图片影调"新动作

步骤2　按下Ctrl+M组合键打开"曲线"对话框，在其中设置参数后单击"确定"按钮，调亮画面影调，设置第一个锚点输入为"40"，输出为"65"；第二个锚点输入为"205"，输出为"210"，如图7-9所示。接下来，单击"动作"面板底部的"停止播放/记录"按钮 ，停止记录操作。

个别调整图片

步骤3　此时可以发现图中项链的影调偏亮，使用"加深工具" 将其调暗，效果如图7-10所示。

加深工具调暗项链

· 153 ·

图7-9　调整图片影调

图7-10　调整局部影调

批处理加深减淡

步骤4　批处理（"文件"－"自动"－"批处理"－"动作"－"源"－"确定"）同组其他图片，并用"加深工具"加深项链影调，用"减淡工具"提亮模特手部肤色，效果如图7-11所示。

图7-11　调整同组其他图片

2. 项链细节图片处理

1）图片分析

悬挂展示照片和平铺展示照片同样存在整体影调偏暗的问题，需要进行调亮处理。

2）处理图片

步骤 1　打开配套图片"素材与实例"－"项目 7"－"原图"－"其他组"文件夹中的图片"DSC02088.jpg"文件。

步骤 2　按下 Ctrl+M 组合键打开"曲线"对话框，在其中设置参数后单击"确定"按钮，调亮画面影调，设置第一个锚点输入"41"，输出"70"，第二个锚点输入"200"，输出"210"。然后用"加深工具"加深项链影调，如图 7-12 所示。

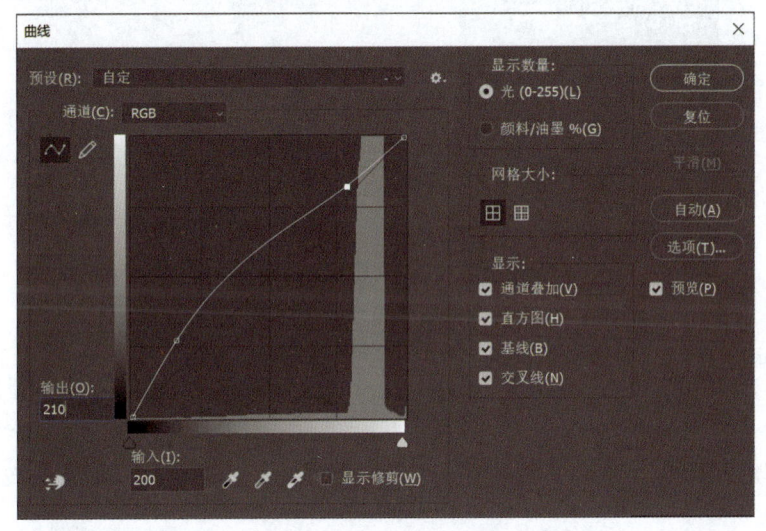

图 7-12　调整图片影调

步骤 3　此时发现项链吊坠颜色分布不均匀，用"画笔工具"调整其颜色，如图 7-13 所示。采用上述方法处理同组中的其他图片。

图 7-13　调整吊坠颜色分布

步骤4　打开"DSC02097.jpg"文件，按下 Shift+Ctrl+A 组合键打开 Camera Raw 滤镜调整图片影调，然后选择"涂抹工具"，沿吊坠造型涂抹，减少吊坠表面光斑，凸显光泽度和质感，接着用"画笔工具"调整颜色分布不均匀的位置，如图7-14所示。

图 7-14　调整图片影调及吊坠

步骤5　选择"图像"－"调整"－"替换颜色"菜单项，打开"替换颜色"对话框，此时将光标移至图片背景出，此光标呈吸管状时单击吸取颜色，然后移动对话框中的明度滑块提亮背景影调，使其变成白色，待调整完成后，单击"确定"按钮，效果如图7-15所示。

提亮背景

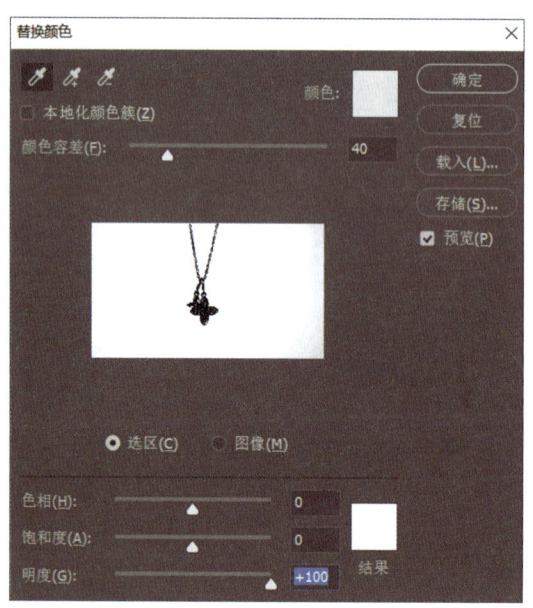

图 7-15　提亮背景

步骤6　采用步骤4和步骤5的方法处理同组的其他图片。

> **发凡举例**

手表图片处理

请参考以下提示处理单元一【同步案例】拍摄的手表照片。

（1）观察照片拍摄效果，分析照片存在的主要问题。因为布光和手表材质的问题，可能存在反光、图片亮度、对比度、颜色、背景、杂质、黑点等问题。

（2）处理图片。根据分析结果，分别处理模特展示组和商品细节展示组中有代表性的图片。通过抠图、减淡、污点处理、涂抹等方式，使图片更加美观。

（3）批量处理图片。利用批处理功能批量处理同组其他照片。

任务3　项链商品主图、海报制作

一、任务目标

商品主图和海报起到吸引消费者注意力、激发消费者购买欲望的重要作用。项链图片在经过处理之后，就可以进行主图和海报的设计制作。

二、任务分析

在制作珠宝首饰类商品的主图和海报时，要先明确主图海报中要展示的主要内容。除了放置商品图片、品牌标志、卖点、优惠信息外，也会展示尺寸信息，让消费者对商品有更准确的了解。有的珠宝首饰类商品主图中还会添加商品广告语，来引起消费者的情感需求。

三、任务实施

1. 项链主图制作

1）主图设计思路

（1）内容安排。添加项链整体造型图片，让消费者直观地了解项链的外观；添加品牌标志，增强消费者对项链品质的信任；加入商品广告语，说服消费者做出购买决策。

（2）配色分析。文案颜色采用黑色、藏蓝，与白色背景形成对比，整个画面简洁、高端大气，凸显项链卖点。

（3）构图方式。采用沉底式构图，能获得简洁、舒适的画面效果。

2）主图制作步骤

步骤1　按组合键 Ctrl+N 新建一个名为"项链主图"的文档，宽度为"800"像素，高度为"800"像素，分辨率为"72"像素/英寸，颜色模式为"RGB"模式的文档，如图7-16所示。

新建主图置入图片

商品信息采编

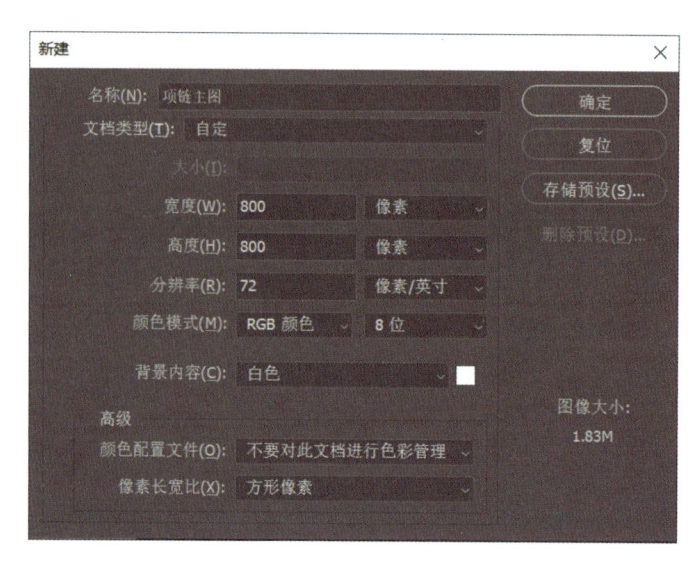

图 7-16 新建"项链主图"文档

步骤2 在"文件"-"置入嵌入对象"置入本书配套"素材与实例"-"项目7"→"原图"文件夹中的"DSC02093.jpg"文件，并调整其大小和位置，调整好后按 Enter 键确认，效果如图 7-17 所示。

填充图片空白

图 7-17 置入图片

步骤3 先用 CameraRaw 滤镜调整图片的影调，然后用"矩形选框工具" 框选项链图片底部背景，并按 Ctrl+C 组合键复制选区内容，按 Ctrl+V 组合键粘贴选区内容，接着按 Ctrl+T 组合键调出变换框，左右拖动边框线至合适的位置（铺满图像编辑区）后释放。可以用"涂抹工具" 涂抹边界线，使两者更好地融合在一起。最后，按 Enter 键确认，如图 7-18 所示。

· 158 ·

图 7-18 填充空白部分

步骤 4 按 Ctrl+O 组合键打开本书配套素材"项链标志.psd"文件，选择除背景外的所有图层，然后将其拖至"项链主图"文档的文档标签处，当图像编辑区显示为"项链主图"文档时释放鼠标，接着用 Ctrl+T 组合键打开变换工具调整标志大小并移至图像编辑区左上角，效果如图 7-19 所示。

图 7-19 添加品牌标识

步骤 5 在"文字"栏用"横排文字工具" T 在图像编辑区下方添加文本并设置文本属性，如图 7-20 所示。

添加文本与标识

图 7-20 添加广告文本

在按住 Ctrl 键的同时，依次单击步骤 5 中创建的所有文本图层，然后按 Ctrl+A 组合键全选，选择"移动工具"，单击工具属性栏中的"水平居中对齐"按钮，使选中的矩形和文本居中对齐，最后按 Ctrl+D 组合键取消选区，效果如图 7-21 所示。至此，项链主图制作完成。

图 7-21　项链主图制作效果

2. 项链海报制作

1）商品海报简介

商品海报用于商品宣传与促销信息展示，如图 7-22 所示。商品海报的宽度通常为 950 像素，高度自定（300~500 像素）；商品全屏海报的宽度一般为 1 920 像素，高度自定（300~500 像素），且大多使用 jpg 格式。

图 7-22　珠宝首饰促销海报

2）商品海报构图方式

与商品主图一样，商品海报中通常也包括图片、文案和背景等元素，需要通过一定的构图方式，使画面中的各元素相互呼应并达到平衡。商品海报常见的构图方式除了左右式（图 7-23）、灵活运用式等外，还有以下几种。

（1）图文居中式：这是商品海报最常用的构图方式之一，是将海报中的图文以画面的中轴线为参照居中对称排列的构图方式。这种构图方式不仅可以使画面平衡、稳定，还可以让视觉焦点集中到画面中间，如图 7-24 所示。

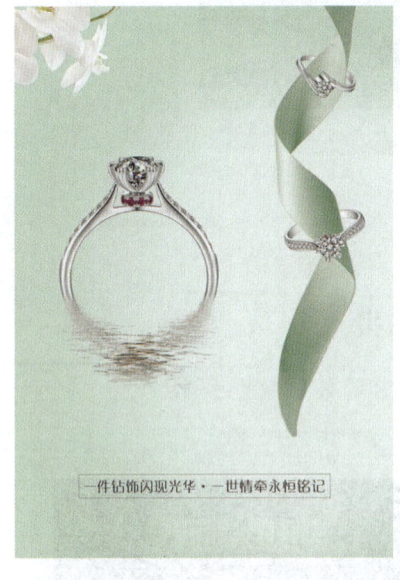

图 7-23 左右式构图　　　　　图 7-24 图文居中式构图

（2）平铺式：是指将每件商品平铺排列，并保持间距相等，再将文案置于商品上方、下方或叠加在商品上的构图方式，适用于商品数量较多或展示一系列商品的海报。这种构图方式秩序感强，能给人整洁、规范的感觉，如图 7-25 所示。

图 7-25 平铺式构图

（3）辐射式：是指利用素材运动趋势将消费者的视觉焦点集中于一点的构图方式。这种构图方式空间感、秩序感强，能有效地突出商品，如图 7-26 所示。

图 7-26 辐射式构图

发凡举例

设计手表主图和海报

请参考图 7-27 的效果制作手表主图，参考图 7-28 的效果制作手表海报。

图 7-27 手表主图参考　　　　图 7-28 手表海报参考

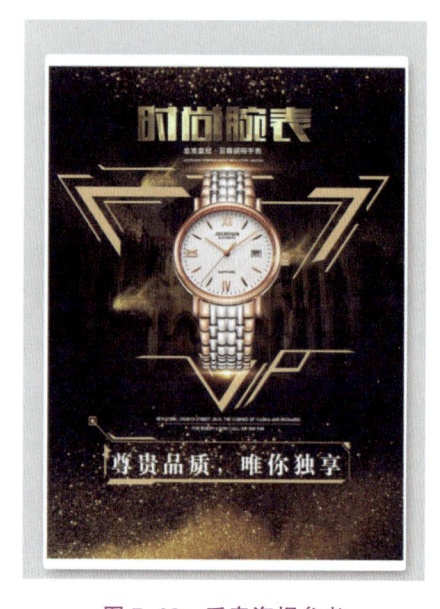

1. 设计思路

(1) 确定主图和海报内容：确定主图和海报中放置哪些内容，并以此确定具体文案。

(2) 确定配色方案：这款手表的目标消费者是女性，因此在选择颜色时，从女性角度考虑。

(3) 确定构图方式：根据图片和文案选择合适的构图方式。

2. 制作步骤

1) 主图

(1) 新建一个名为"手表主图"，宽度为 800 像素，高度为 800 像素，分辨率为 72 像素/英寸，颜色模式为 RGB 模式的文档。

（2）用"渐变工具"为背景添加紫色渐变色（渐变工具的颜色设置方法与渐变叠加图层样式的颜色设置方法基本相同）。

（3）用"矩形选框工具"绘制 1 个矩形选区，并为其填充上白色。

（4）置入"手表图片.png"文件，用"钢笔工具"将其抠出并放置于白色矩形中。

（5）用"矩形选框工具"分别在手表右侧、下方等处绘制矩形选区，并填充紫色、白色。

（6）用"横排文字工具"添加文本并设置文本属性。

2）海报

（1）打开"女手表海报素材.psd"文件。

（2）打开"女士手表图片2.png"文件，用"钢笔工具"对其进行抠图处理，并复制到"女士手表海报素材"文档中，然后调整其大小后移至图像编辑区右侧，接着在该图层上右击，在弹出的快捷菜单中选择"转换为智能对象"项，最后用 Camera Raw 滤镜强化女士手表的质感。

（3）用"画笔工具"。绘制女士手表的阴影。需要注意的是，可通过降低阴影图层不透明度，让阴影效果更加自然。

（4）置入"女士手表标志.png"文件，然后为其添加颜色（黑色）叠加图层样式，最后用"横排文字工具"添加文本并设置文本属性。

发蒙解惑

珠宝首饰类商品海报构图方式

大多数珠宝首饰都较小，因此，拍摄时通常会使用微距镜头，通过使用小光圈虚化背景，创造景深，集中焦点，突出主题，强调空间感。

由于珠宝首饰类商品大多反射性强，在拍摄时，还需要掌握一定的布光技巧。下面以钻石为例介绍首饰的布光技巧。钻石在加工后会形成很多个切割面，这些切割面在光的照射下会折射出多条光线，因此，使用直射光和散光灯拍摄容易引起曝光现象。拍摄钻石时，可使用柔光箱给钻石打光，避免引起曝光现象。为了使拍摄出来的钻石饰品效果更佳，还可以采用帐篷式拍摄。帐篷拍摄是指用帐篷把钻石包围起来，挡住周围以及屋顶上的光线，再用柔光箱进行照明，拍摄者通过帐篷头顶预留的小缝进行拍摄。

任务 4 项链商品详情页设计

一、任务目标

项链产品的商品详情页可以从多个模块展示商品信息，帮助消费者深入了解商品，便于消费者对商品形成全面的认知，刺激消费者做出购买决策。

二、任务分析

首先要明确商品详情页包括哪些模块，主要介绍商品的哪些信息，设计师再进行商品详情页的配色和布局设计。以项链为例，商品详情页一般会包括项链整体效果图、佩戴效果图、细节图等，展现商品卖点、相关参数等信息。还可以安排品牌宣传、工艺、包装等信息，以增强消费者对商品的认同感。配色要简单大气，突显项链的卖点。布局可以采用层叠和错位布局方式，使画面动感有层次。

三、任务实施

1. 设计思路

（1）模块确定：经过对项链商品信息和卖点的分析，确定项链商品详情页包括宣传信息、卖点信息、佩戴效果、详细信息四个模块，为消费者提供商品信息和营销信息。

（2）配色分析：选择白色为背景色，突出项链的造型和材质特征，整个页面干净、整洁、大气。配合米色和灰色，使得画面有层次感，也可避免画面色彩单调。

（3）布局方式：选择层叠和错位布局方式，增强画面层次感和动感。

2. 设计步骤

1）制作宣传模块

步骤1　新建一个名为"项链详情页"的文档，宽度为750像素，高度自定，分辨率为72像素/英寸，颜色模式为RGB模式。

步骤2　置入本书配套素材"DSC02100.jpg"文件，然后鼠标移至"图层"－"DSC02100"右击，在弹出菜单中选择"栅格化图层"，将其转换为普通图层。接着用"矩形选框工具"框选图片底部多余背景，并按Delete键删除。框选图片顶部背景，并用变换工具调整所选区域的高度，最后按Ctrl+D组合键取消选区，如图7-29所示。

图7-29　置入图片并调整

步骤3　在图片上添加文本，如图7-30所示。其中，文本"爱永恒，愿健康、幸福、幸运、财运相伴一生"需添加下划线（通过"窗口"模块下"字符"面板底部的"下划线"按钮添加）。

图 7-30　添加文本

2）制作卖点模块

步骤1　先创建卖点模块标题，然后新建一个图层，用"矩形选框工具"绘制一个宽度为 664 像素、高度为 3 像素的矩形选区，并为其填充浅灰色（#f5f5f5），最后按 Ctrl+D 组合键取消选区，如图 7-31 所示。

图 7-31　制作卖点模块标题

步骤2　首先新建一个图层，然后绘制一个宽度为 345 像素、高度为 300 像素的矩形选区，并为其填充浅蓝色（#eef4fe），接着按 Ctrl+D 组合键取消选区，最后拷贝矩形并移至合适的位置，为其填充白色、添加描边图层样式，如图 7-32 所示。

图 7-32 绘制矩形

步骤 3　置入本书配套素材"DSC02087.jpg"文件（保证其在复制矩形图层的上方），在按住 Alt 键的同时，将光标移至该图层与复制矩形图层之间，当光标呈 状时单击创建剪贴蒙版，效果如图 7-33 所示。

图 7-33 剪贴照片

步骤 4　在图片右侧添加文本和线条装饰，然后在文本左侧添加一个宽度为 5 像素、高度为 85 像素的浅蓝色（#eef4fe）矩形装饰，如图 7-34 所示。

图 7-34 添加文本和线条装饰

步骤 5　复制两份步骤 2 至步骤 4 创建的图层，并调整位置、修改内容，效果如图 7-35 所示。

3）制作商品展示和商品信息模块

步骤 1　复制卖点模块标题并修改内容，效果如图 7-36 所示。

步骤 2　置入本书配套素材"DSC02065.jpg""DSC02066.jpg""DSC02071.jpg"文件并放在合适的位置，然后用 CameraRaw 滤镜调整图片的影调和细节，使其与整体页面效果协调、统一，如图 7-37 所示。

图 7-35 卖点模块效果图

图 7-36 商品展示模块标题

图 7-37 模特展示模块效果

步骤3 在图片下方添加文本并设置其字体样式为"Adobe 黑体",字体大小为"18 号",行距为"36 点",效果如图 7-38 所示。

图 7-38 添加文本

步骤4 复制商品展示模块标题并修改内容,效果如图 7-39 所示。

图 7-39 商品信息模块标题

步骤5 新建一个图层,然后绘制一个宽度为"66"像素、高度为"20"像素的矩形选区,并为其填充蓝色(#69a3d8),最后在相应的位置添加文本,如图 7-40 所示。

图 7-40 添加色块

步骤6 复制步骤 5 中创建的图层并修改相关内容,效果如图 7-41 所示。至此,项链详情页制作完成。

项目 7　珠宝首饰类商品信息采编与优化

商品信息
Product Information

品牌名称	相伴一生	颜色分类	玫瑰金	适用性别	女性
商品材质	时尚玫瑰金	价格区间	500~800元	延长链	5cm以下
镶嵌材质	人造宝石	是否带坠	是	项链货号	12345678
上市时间	2023年春季	项链风格	新中式	商场同款	否

图 7-41　商品信息模块效果

同步案例

手表详情页设计

手表详情页设计可参考图 7-42 的效果图拍摄手表。

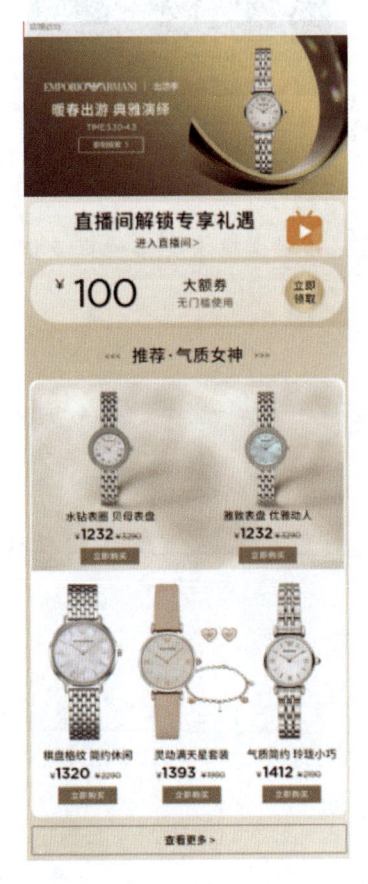

图 7-42　手表详情页设计参考

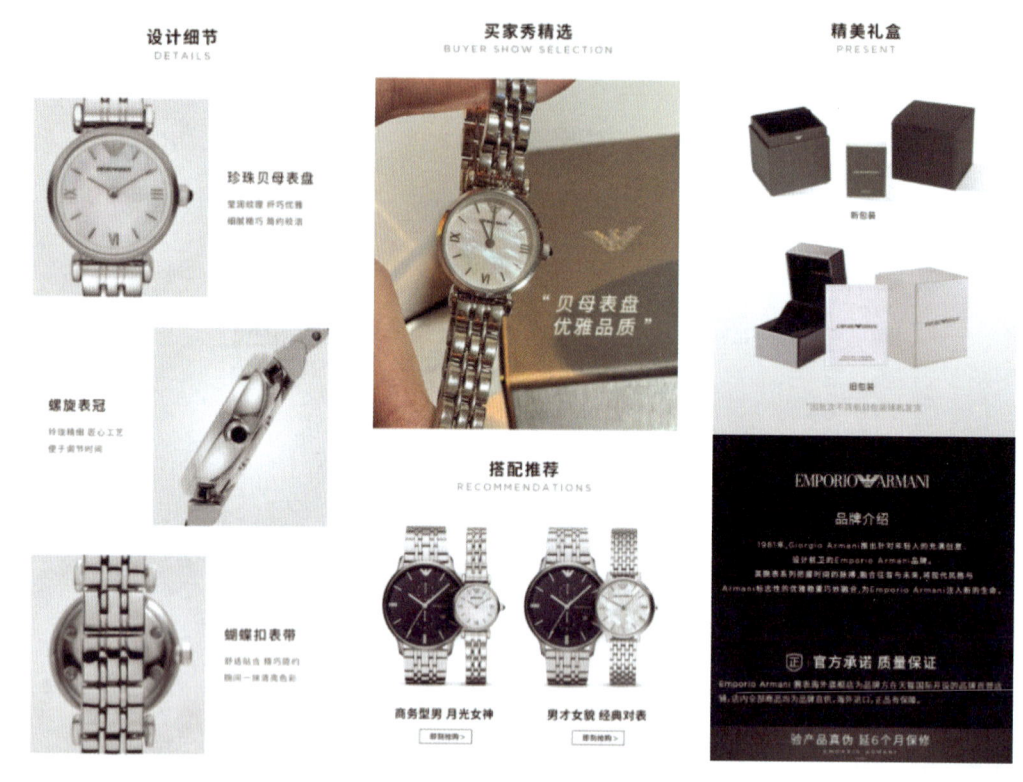

图 7-42　手表详情页设计参考（续）

1. 设计思路

（1）确定模块安排：确定手表详情页中安排哪些模块，并根据模块安排确定具体内容，包括图片和文案。

（2）确定配色方案：该款手表的目标消费者为女性，因此配色可以考虑女性消费者的心理偏好，选择亮色调、暖色调。

（3）确定布局方式：根据模块及模块中的元素确定合适的布局方式。

2. 设计步骤

参照以下提示制作手表详情页。

（1）新建一个名为"手表详情页"，宽度为 750 像素，高度自定，分辨率为 72 像素/英寸，颜色模式为 RGB 模式的文档。

（2）用"横排文字工具"添加文本。

（3）用"矩形选框工具"添加矩形装饰及线条装饰。

（4）置入所需图片。为了让图片与背景自然过渡，可添加一个图层蒙版，然后用"画笔工具"涂抹。注意有的图片需使用"魔棒工具"进行抠图处理。

固本培元

一、单选题

1. 在 Photoshop 中以下（　　）命令可以通过将任务组合到一个或多个对话框中来简

化复杂的任务，以提高工作效率。

  A. 自动   B. 动作   C. 组   D. 图层

  2. 下列哪个选项是 Photoshop 图像最基本的组成单元（ ）。

  A. 节点   B. 色彩空间   C. 像素   D. 路径

  3. 当编辑图像时，使用减淡工具可以达到何种目的（ ）。

  A. 使图像中某些区域变暗   B. 删除图像中的某些像素

  C. 使图像中某些区域变亮   D. 使图像中某些区域的饱和度增加

  4. 下列无法帮助加强色彩对比的方法的是（ ）。

  A. 色相互补 B. 明度差异大 C. 色相临近 D. 饱和度差异大

  5. "圆角矩形工具"的操作与"矩形工具"类似，可通过在绘制完成前后通过设置圆角的（ ）来调整。

  A. 数值   B. 角度   C. 半径   D. 线条

二、多选题

  1. 在 Photoshop 中填充前景色的快捷键命令是（ ）。

  A. Alt+A B. Alt+Delete C. Alt+Backspace D. Alt+C

  2. 下面哪些选项是 JPEG 支持的格式？（ ）

  A. CMYK B. RGB C. 灰度颜色模式 D. 透明度

  3. 平面构成的有哪些特征？（ ）

  A. 规律性   B. 客观性

  C. 数学美与秩序美   D. 理性与感性

  4. 下列关于 JPEG 图形文件格式正确的有（ ）。

  A. JPEG 格式是常用的网页文件格式

  B. JPEG 格式支持大约 1 670 万种颜色

  C. JPEG 图像不支持透明度和动画功能

  D. JPEG 使用有损压缩的方式去除冗余的图像和彩色数据

  5. 常用的互动区的需求分析包括哪几种？（ ）

  A. 效能分析 B. 动线分析 C. 场景分析 D. 应用分析

三、判断题

  1. Photoshop 中使一个图层成为另一个图层的蒙版情况下，可利用图层和图层之间的"编组"创建特殊效果。（ ）

  2. Photoshop 中的油漆桶工具是基于颜色的相似性进行填充的，不需要创建选区就可以填充。（ ）

  3. 在 Photoshop 中，自由变换（在 Windows 操作系统下）的快捷命令是 Ctrl+T 组合键。（ ）

  4. 我们常用铅笔工具来绘制路径。（ ）

  5. 肌理构成法是运用手绘、压印、喷洒、拓印、渲染等手段在平面构成中模拟触觉肌理。

四、问答题

  1. 如何把色彩构成原理用于调整包装视觉设计？

2. 怎样才能让网页设计作品将细节之处做到极致，让画面更耐看，更有层次感？
3. 论述大色块构图法和抽象构图法的方法和相关思路。

融会贯通

小李经营着一家主营珠宝首饰的抖店，眼看春意盎然、百花盛开，小李店铺也推出了以"繁花"为主要造型的新款系列首饰。为给新产品造势，小李打算为"繁花"系列制作海报参与平台活动。请帮助小李完成宣传海报的制作。

资源素材：繁花手链图片、繁花项链图片、繁花耳钉图片（配套资源：项目7：素材/案例分析）。

操作步骤：

（1）打开手链图片、项链图片、耳钉图片、背景图像，利用钢笔抠图工具抠取手链、项链、耳钉图像，利用移动工具将其移到背景图片上。

（2）单击菜单中的【编辑/变换/缩放】或者按下 Ctrl+T 组合键对图像进行放大和缩小处理。设计合理布局，利用移动工具将项链、手链、耳钉调整至图片合适位置。

（3）添加适当的文本，突出商品卖点。

（4）单击【保存】按钮保存图片。

思考题：

1. 常用商品海报布局方法有哪些？它们各有什么特点？
2. 除了对图像进行缩放和添加文本处理外还有哪些处理方式？

笃行致远

一、实训目标

能够根据商品信息，完成商品详情页制作。

二、实训背景

小李的抖店近期打算上架一款中式手镯，请你帮助小李，完成商品拍摄、图片美化、详情页制作的工作。

三、实训要求

重点展示手镯的传统文化因素，宣传内容突出，卖点清晰。

四、实训步骤

1. 商品拍摄

（1）研究商品卖点，设计拍摄思路。

（2）制定拍摄方案，利用模特拍摄展现佩戴效果，利用工具支起手镯拍摄细节。注意布景和打光。通过使用中国风道具和具有中国风的颜色，创造传统文化的浓郁氛围感，体现手镯的优雅感、历史厚重感和浓厚的文化内涵。选用柔和光线照射手镯，突出商品柔和古朴的气质。

2. 图片美化

通过抠图、减淡、污点处理、涂抹等方式对商品图片进行处理，使其更加有吸引力。

3. 商品详情页制作

（1）制作宣传模块：设置促销区域，添加促销文本。

（2）制作产品信息模块：使用作图工具绘制圆角矩形图形和直线形状，能够添加产品信息文本内容。

（3）制作细节赏析部分：错落排序细节图、添加细节说明文字、突出手镯卖点。

（4）制作商品图片展示部分：添加文本、调整图片大小。

五、实训成果

完成中式手镯的商品详情页，要求信息完整、卖点突出、画面唯美。

项目 8　美妆洗护类商品信息采编与优化

【知识目标】
　　1. 掌握芦荟喷雾护肤品的拍摄方法。
　　2. 掌握芦荟喷雾护肤品商品美化的方法。
　　3. 掌握芦荟喷雾护肤品商品详情页的制作。

【能力目标】
　　1. 学会芦荟喷雾护肤品的拍摄技巧和卖点。
　　2. 熟练使用美容护肤品类商品的拍摄技巧。
　　3. 具备独立制作芦荟喷雾护肤品商品详情页的能力。

【素养目标】
　　1. 树立正确的审美观念，不夸张宣传美妆产品功效，养成严谨务实的工作作风。
　　2. 通过商品图片及视频进行产品功效的准确传达，诚信经营，帮助消费者树立健康生活观念。

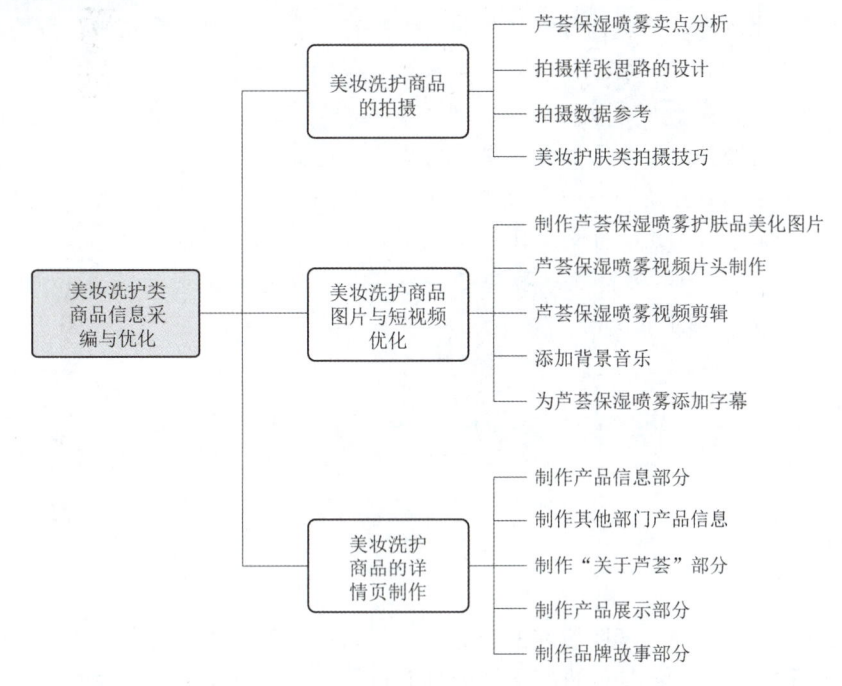

项目 8　美妆洗护类商品信息采编与优化

提要钩玄

- 美妆洗护类商品信息采编与优化
  - 美妆洗护商品的拍摄
    - 芦荟保湿喷雾卖点分析
    - 拍摄样张思路的设计
    - 拍摄数据参考
    - 美妆护肤类拍摄技巧
  - 美妆洗护商品图片与短视频优化
    - 制作芦荟保湿喷雾护肤品美化图片
    - 芦荟保湿喷雾视频片头制作
    - 芦荟保湿喷雾视频剪辑
    - 添加背景音乐
    - 为芦荟保湿喷雾添加字幕
  - 美妆洗护商品的详情页制作
    - 制作产品信息部分
    - 制作其他部门产品信息
    - 制作"关于芦荟"部分
    - 制作产品展示部分
    - 制作品牌故事部分

导入案例

党的二十大报告指出，要"推进健康中国建设"，"把保障人民健康放在优先发展的战略位置，完善人民健康促进政策"。全面贯彻党的二十大提出的健康中国建设要求，更好地体现人民健康优先发展的战略导向，需要全面准确理解健康优先的深刻内涵和重大意义，紧紧扭住重点任务和关键环节，奋发有为推动健康中国建设迈上新台阶、取得新成就。

爱美之心，人皆有之。近年来，人们的消费水平不断提升，对美的追求也水涨船高，特别是美妆护肤消费市场也迎来了快速增长。随着年轻一代成为消费主力军，美妆消费观念也在发生改变。除了更加追求个性化、独特性和性价比，注重安全、科学理性、贴合实际成为愈加鲜明的趋势。

相关数据显示，中国已经成为全球第二大化妆品消费市场，2022 年化妆品行业零售总额达 3 935.6 亿元，Euromonitor（欧睿信息咨询公司）预计 2027 年我国化妆品市场规模将达到 7 288 亿元，2023—2027 年复合增长率预计将达到 5.91%。与市场蛋糕越做越大相比，消费者在追求美的道路上也越来越理性。面对"你买化妆品最看重什么"的提问，"品质""适合自己的肤质""口碑"等关键词被提及最多。根据气候、地理、饮食文化等因素选择补水或是控油的护肤品，看测评、找教程、先试后买，探寻与自己肤质完美匹配的产品，成为年轻消费者的习惯。有数据显示，九成消费者在购买产品的时候会考虑成分与配方；一些主打植物提取、纯天然、中草药的美妆护肤产品日益受到追捧。

从被动接受品牌营销到主动参与选择产品，如今，消费者对安全、健康、可靠的美妆产品提出了更高、更理性的要求，政府、行业和社会对化妆品产业的规范、监督和管理也在不断加强。从设立化妆品监管司，到启动化妆品安全科普宣传周，再到出台《化妆品监督管理条例》，根据产业发展和监管实践更新变化举措，让化妆品生产经营活动及其监督管理向更加精细化迈进。同时，一些化妆品品牌也在产品上添加了溯源码，为消费者提供生产有记录、信息可查询、质量能追溯的产品，以诚信提升消费信心。

市场蓬勃发展，离不开政策、商家、消费者的共同推动。特别是消费观念日趋成熟、人们健康管理日趋精细化的当下，追求美也有了多元的选择。由此而言，美妆消费更好走向未来，关键要在产品品质、安全、健康、实用上下功夫。企业只有跟上行业发展迭代的脚步，精准对接消费者需求，才能实现"美丽升级"。

（资料来源：美妆产品更精准对接消费需求——关注健康消费新趋势［EB/OL］．人民网，2023-10-03，有删减改动）

任务1　美妆洗护商品的拍摄

一、任务目标

某美妆洗护商品店铺给李明所在的企业发来了新的订单，客户要求李明所在的企业对芦荟类美妆洗护商品进行拍摄，进行图片处理并进行详情页设计。

二、任务描述

芦荟保湿喷雾的卖点，需要从品牌的内容、芦荟保湿喷雾成分、使用效果等方面进行细分，然后理清拍摄芦荟保湿喷雾时的整体设计思路，从整体到局部，使用展示以及拍摄器材参考数据等信息进行细分，以便从整体上了解芦荟保湿喷雾产品的拍摄手法。

三、任务实施

1. 芦荟保湿喷雾卖点分析

在正式拍摄芦荟保湿喷雾之前，需要仔细阅读厂家提供的详细资料，了解芦荟保湿喷雾配方、健康品种文化、适用人群、包装等，以及分析芦荟保湿喷雾的卖点，为梳理芦荟保湿喷雾的拍摄思路奠定基础。本任务中这款芦荟保湿喷雾的卖点有以下四个。

（1）纯天然配方：自然乐园芦荟舒缓保湿喷雾为韩国原装进口，含有92%的纯天然芦荟原汁，其中的芦荟氨基酸和多糖物质能够为肌肤补充水分。添加香蜂花提取物、留兰香提取物、透明质酸钠及金盏花提取物，锁水保湿，镇定舒缓皮肤。

（2）健康品种文化：自然乐园伴您左右，提供性价比合理的产品。通过自然乐园的产品与品牌的价值，让世界所有人都可以享受大自然的慷慨馈赠。面对全球顾客，探索清静自然，这就是自然乐园源源不断的心灵感之源。

（3）适用人群：自然乐园芦荟保湿喷雾对于常开空调肌肤水分流失严重，全天带妆肌肤干燥紧绷，经常戴口罩导致潮湿肌肤泛红的人群。

项目8　美妆洗护类商品信息采编与优化

（4）包装：利用芦荟本身的绿色，采用小喷雾设计，便于携带，喷头细密，喷雾细腻，好吸收。

2. 拍摄样张思路的设计

通过对芦荟保湿喷雾卖点的详情分析，可以从以下角度进行拍摄。

1）整体展示图

本款芦荟保湿喷雾芦荟保湿喷雾护肤品根据芦荟自身的颜色设计外观，给人以健康环保的感觉，在液体上采用与绿色瓶相近的颜色，突出其来源于自然的品牌文化。

（1）由于产品的瓶身是绿色的透明材质，内置无色透明液体，因此拍摄时采用白色背景板和白色亚克板，来突显产品的光泽感。正面全景图如8-1所示，能清晰地显示芦荟保湿喷雾护肤品的详细信息，让消费者了解详细情况。

（2）整体呈现反面全图，使商品无死角展示。如果对商品的光线和遮挡要求更高，也可以使用柔光进行拍摄，突出其柔光，不反光的精美效果，背景全身能显示芦荟保湿喷雾的详细信息，让消费者了解其详细情况，如图8-2所示。

图8-1　正面全景 　　　　图8-2　反面背景

（3）将芦荟保湿喷雾倒置，进行细节拍摄，能清楚地了解产品的编号和保质期，如图8-3所示。

2）局部细节

为了突出芦荟保湿喷雾在细节上的用心之处，可以采用局部拍摄的方法，画面中显示出产品简洁的工业设计风格，突出产品人性化的设计。局部细节图可以放大产品的优点，使产品的特点更加清晰，让人一目了然。

（1）喷头可以体现出产品包装、简洁、耐用、环保的设计理念，因此在拍摄时可以自己手握喷头或者让同学们帮忙，拿着瓶身，拍出产品上半部分的细节图，如图8-4所示。

（2）打开喷头的盖头，拍摄里面喷头的细节构造。拍摄时需要注意，防止透明反射光射出的图像，可以尝试不断改变细节的角度，找不到反光的视角，（如按45°角斜拍），如图8-5所示。

图 8-3　倒置拍摄 　　　　　图 8-4　喷头细节 　　　　　图 8-5　按 45°角斜拍

3）使用展示图

产品使用展示图既可以详细展示产品的使用方法，又能突出产品的特点。为了突出商品使用方便的特点，要拍摄使用中的照片，可以采用调整不同拍摄视角进行对比的方法，突出使用者在使用时的方便性和舒适性。

（1）拍摄时，摄影师将手放于一侧，不遮挡瓶身，能清晰地看到使用者使用时的状态。将喷雾的效果显示出来，消费者可以产生瞬间为皮肤补水的感觉。

（2）为了突出喷射出的雾量大，可以在拍摄前，多喷射几次，使喷头保持惯性。在构图上产品主体画面占总画面的 2/5，其余画面部分留给喷射的空间。比如，可以在拍摄喷雾时延长按快门时间（快门 1/125 秒），以增加空间中的喷雾量。

3. 拍摄数据参考

拍摄时，要用到图 8-6~图 8-10 中的相关设备。

图 8-6　照相机 　　　　　图 8-7　反光伞 　　　　　图 8-8　闪光影视灯

图 8-9　小型静物台 　　　　　图 8-10　白色背景纸

拍摄环境如图 8-11 所示。

图 8-11　拍摄环境

拍摄时注意事项有以下两点。
（1）拍摄时禁止使用闪光灯。
（2）禁止使用两个柔光箱从左右两边靠近商品或在单个柔光箱旁加反光伞。
样张详情及拍摄参数如表 8-1 所示。

表 8-1　样张详情及拍摄参数

样张详情	拍摄参数
	1. 光圈：f/9 2. 快门速度：1/125 秒 3. 感光度：IOS 160
	1. 光圈：f/9 2. 快门速度：1/125 秒 3. 感光度：IOS 160

续表

样张详情	拍摄参数
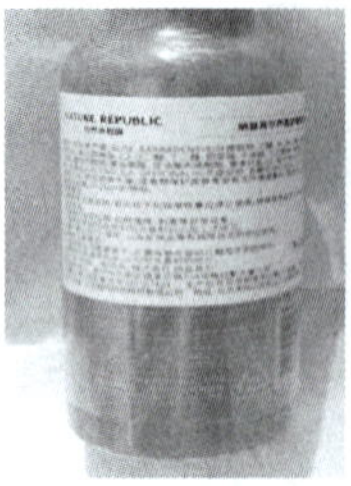	1. 光圈：f/9 2. 快门速度：1/125 秒 3. 感光度：IOS 160
	1. 光圈：f/9 2. 快门速度：1/125 秒 3. 感光度：IOS 160
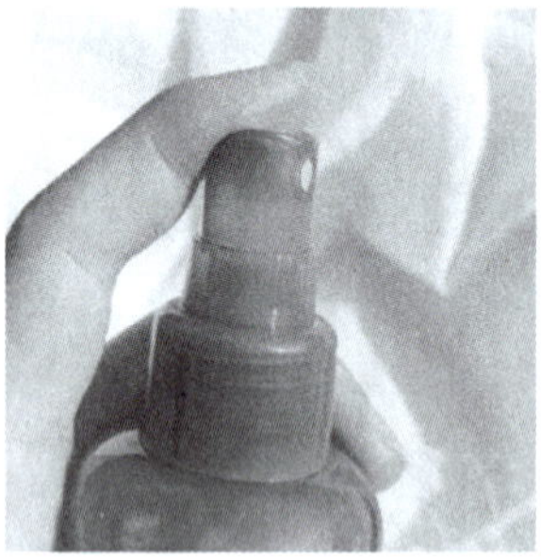	1. 光圈：f/9 2. 快门速度：1/125 秒 3. 感光度：IOS 160
	1. 光圈：f/9 2. 快门速度：1/125 秒 3. 感光度：IOS 160

拍摄时产生错误的图片主要包括以下两点。

（1）背景板为黑色，反映不出瓶身的颜色。

（2）拍摄角度不对，摆放机位太高，导致反光面不均匀，商品效果不够立体，如图 8-12 所示。

图 8-12　拍摄时产生错误的照片

> 发蒙解惑

Photoshop 常用基本知识

（1）Photoshop 软件处理的图像是位图及矢量图。

（2）打开多个图像文件时，如果选择连续的多个文件，应按 Shift 键。

（3）打开多个图像文件时，如果选择不连续的多个文件，应按 Ctrl 键。

（4）RGB 的原理是色光加色法，CMYK 的原理是色料减色法。

（5）在制作印刷品的过程中，当图像是以 RGB 模式扫描的，尽可能在 RGB 模式下进行颜色的调整，最后在输出之前转换为 CMYK 模式。

（6）创建新文件时应在【新建】对话框中设置文件名称、宽度和高度、模式，以及文档背景。

（7）Photoshop 中窗口底部的横条称为状态栏。

（8）psd 文件格式是 Photoshop 中默认的文件格式，还是一种支持所有图像模式的文件格式。

（9）JPEG 是互联网中最常用的文件格式之一，能够大幅降低图像文件的大小，但图像质量有一定的损失。

（10）当屏幕上有多个图像文件被打开时，如果要同时关闭这些文件，可以通过窗口菜单中的【文档】命令，在打开的子菜单中选择【全部关闭】项。

4. 美妆护肤类拍摄技巧

综合芦荟保湿喷雾的拍摄过程，将美容护肤类的商品拍摄技巧总结为出以下几点。

（1）商品的卖点可以从上述品牌文化、组成成分、使用效果等方面进行分析。拍摄思路紧密，综合所提出的卖点，从使用并展示商品成分等方面拍摄。

（2）拍摄时所用的器材，可结合商品需要进行自由调整，如拍摄护肤品时，应根据其透明程度，可以将灯光及背景板统一摆放后，拍摄参数不变，只需要从不同角度和距离进行拍摄。所以在使用相机时，拍摄数据参数尽量统一，从而保持整体风格图片的统一性。

（3）拍摄不透明产品时，可以选择白色背景和白色亚克板，来突出产品的颜色和包装。在拍摄口红时，选用白色背景来突出口红的颜色与包装质感，如图8-13所示。

图8-13　口红的拍摄

（4）避免拍摄照片时出现反光以及光面不均匀的错误，可以多次变换拍摄角度。

（5）在拍摄时可适当增加对比物，以展示产品的大小、体积，以免消费者对真实产品产生误解；还可以采用拍摄集体照（如同系列或同品牌保养类化妆品、彩妆类化妆品）手法，使买家在浏览某种化妆品的同时对其他化妆品产生兴趣，进而增加访问量。比如在拍摄芦荟保湿喷雾时可以放置一个同品牌的芦荟洗面奶芦荟面膜，使其有对比性，能让消费者了解商品的大小，也可以展示同品牌的其他产品，间接产生关联销售，让消费者产生兴趣。如图8-14所示，可以展示芦荟保湿喷雾护肤品同品牌的其他系列，以叠加使用效果，让消费者产生联想。

图8-14　化妆品的拍摄技巧

发蒙解惑

商品信息采编时如何选择关联商品

互补型商品，就是当前产品的互补商品，若客户单击"隔离霜"相关链接，我们就可以关联水乳、面膜等，或者搭配热销的商品，这样能够增加客户继续留在店铺中浏览商品的概率。相似型就是给客户推同类商品，价格属性相似，让客户有更多的选择。

注意：
①这类产品一定要高度一致，关联的产品价格一定要高、中、低三档，中端要多一些。
②前面放流量高、转化率高的宝贝，下面放流量低转化率高的宝贝。
③关联的主推款一定要有优势，一定要配合促销活动。
④关联销售的人群画像一定要一致，不然会严重影响销售效果。
另外，也可以用引流款搭售利润款，爆款搭售新款，再合理分配利润。

（6）注意拍摄时不要逆光拍摄，光纤丝是最为重要；采用纯色背景，背景不能喧宾夺主；要还原产品的真实性，拍摄时不能为了产品的美观而忽略产品的真实性。比如，在拍摄芦荟保湿喷雾护肤品时，采用顺光和柔光，用纯白色背景和白色亚克板，来还原芦荟保湿喷雾护肤品的特性，尽量使照片真实，以减少后期过度美化。

行业洞察

商品宣传的真实性法律要求

《消费者权益保护法》第二十条第一款规定，经营者向消费者提供有关商品或者服务的质量、性能、用途、有效期限等信息，应当真实、全面，不得作虚假或者引人误解的宣传。

《消费者权益保护法》第五十五条规定，经营者提供商品或者服务有欺诈行为的，应当按照消费者的要求增加赔偿其受到的损失，增加赔偿的金额为消费者购买商品的价款或者接受服务的费用的三倍；增加赔偿的金额不足五百元的，为五百元。法律另有规定的，依照其规定。由于商家的夸张宣传，导致收到的实物与宣传不符，消费者可以请求人民法院解除网络购物合同，并根据商家过错程度酌情要求其赔偿邮费等实际损失。如果商家的宣传行为构成欺诈的，消费者还可以主张增加所购买商品的价款或者接受服务的费用的三倍（最低五百元）的赔偿。

任务2 美妆洗护商品图片与短视频优化

一、任务目标

收到拍摄的美妆芦荟商品的图片和短视频后，为了使商品图片和短视频呈现的视觉效果更加美观、更具有吸引力，美工需要先对商品图片进行处理，再对短视频进行优化，然后才能将商品图片和短视频应用到网店中。

二、任务分析

将拍摄的美妆芦荟商品图片和短视频导入计算机中，分析商品图片和短视频的拍摄效果，再进行优化处理。本任务中，李明所在公司的美工老师需要进行美妆芦荟商品图片优化、芦荟商品主图制作、海报制作、视频片头制作、视频剪辑、为视频添加背景音乐，以及为芦荟产品视频添加字幕，讲解芦荟产品商品图片和短视频的优化与制作方法。

三、任务实施

1. 制作芦荟保湿喷雾护肤品美化图片

下面对制作芦荟保湿喷雾护肤品美化图片进行介绍，其具体操作如下。

（1）启动 Photoshop 2020 程序，选择【文件】→【新建】命令，打开【新建】对话框，设置名称为"产品展示"，设置宽度为790像素，高度为"866"像素，分辨度为"72"像素/英寸，颜色模式为RGB颜色"8位"，背景内容为"白色"，单击"新建"按钮，如图8-15所示。

芦荟保湿护肤品图片美化

（2）选择【文件】→【打开】命令，打开【打开】对话框，选择【背景】素材，单击【打开】按钮。双击【背景】图层，打开【新建图层】对话框，单击"确定"按钮，新建图层，如图8-16所示。把图片拖入产品展示的图层中，合理调整位置和大小，效果图如图8-17和图8-18所示。

图 8-15　"新建"对话框　　　　　图 8-16　新建图层

图 8-17　背景图　　　　　图 8-18　增加背景图后的效果

项目 8　美妆洗护类商品信息采编与优化

（3）双击该图层，打开【图层样式】对话框，选择【渐变叠加】选项，设置混合【滤色】，拖动渐变色块来调整，如图 8-19 所示。

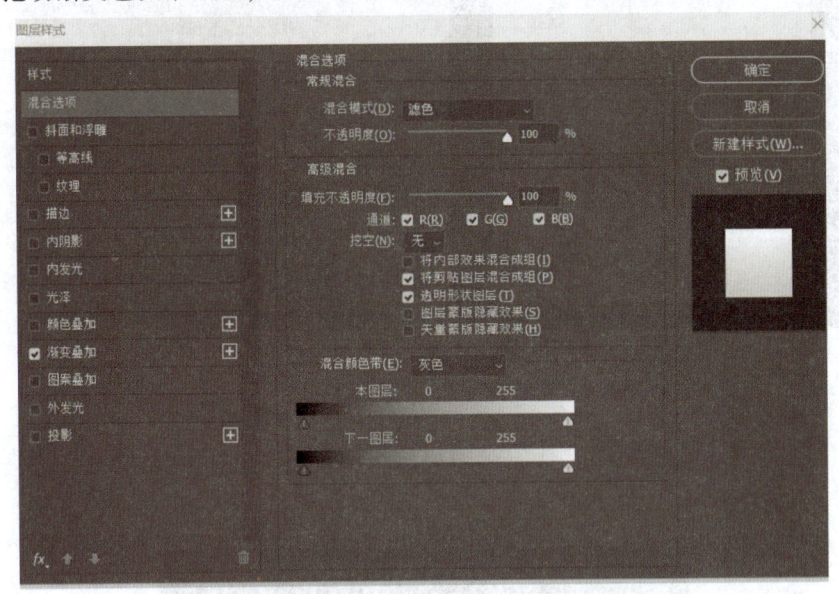

图 8-19　设置渐变色块

（4）打开【渐变编辑器】对话框，单击渐变色带左下角的色块，在"色标"栏中设置颜色为灰色（RGB 221：221：220），如图 8-20 所示。

（5）单击渐变色带下方的空白处，添加一个空白色块，在"色标"栏中设置位置为 45%，（如果误操作多增加了色块，可在色块上按住鼠标左键不放，向上或向下拖动，即可删除色块）设置颜色为深灰色（RGB 100：100：100），然后设置右边的色块，设置颜色为（RGB 255：255：255）如图 8-21 所示。

图 8-20　设置色标的颜色　　　　图 8-21　设置渐变色

（6）单击【确定】按钮，效果如图 8-22 所示。
（7）选择【文件】→【打开】命令，在打开的【打开】对话框中选择"素材 1"素材，如图 8-23 所示。

· 185 ·

商品信息采编

图 8-22 效果　　　　　　　　　图 8-23 打开素材 1

（8）选择椭圆选框工具 ，在绘制窗口中单击拖动鼠标建立一个圆形选框，宽、高均为 23 厘米，调整位置，如图 8-24 所示。

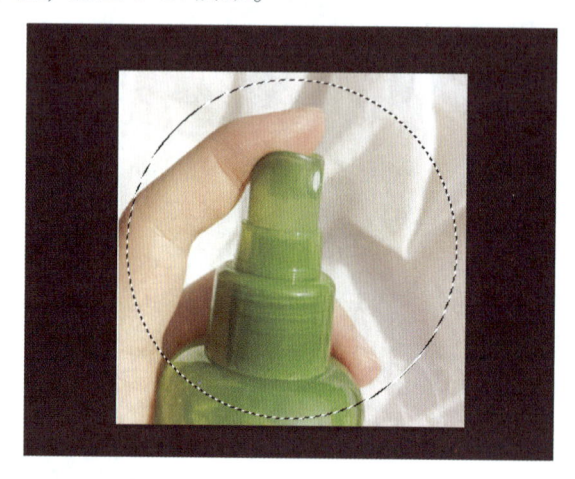

图 8-24 绘制椭圆

（9）选择移动工具，将椭圆中的部分拖入产品展示中，调整大小和位置，效果如图 8-25 所示。

图 8-25 查看调整后的效果

（10）打开"素材 2""素材 3""素材 4""素材 5"用椭圆选框工具制作出大小不一样的椭圆，"素材 2"宽度设置为 30.55 厘米，高度设置为 20.33 厘米"素材 3"宽度设置为 20 厘米，高度设置为 31.55 厘米，"素材 4"宽度设置为 17 厘米，高度设置为 27 厘米，"素材 5"，宽度设置为 27 厘米，高度设置为 27 厘米，将各个椭圆中的部分拖到产品展示中，调整位置，效果如图 8-26 所示。

图 8-26　图片调整后的效果

（11）选择直线工具，设置描边颜色为（RGB 75∶111∶39），8 点，粗细为 5 像素，在椭圆 1 与椭圆 2 之间绘制一条直线，效果如图 8-27 所示。

图 8-27　绘制直线

（12）使用相同的方法在椭圆之间绘制一条直线，效果如图 8-28 所示。

图 8-28　完成其他直线绘制

视频片头制作

2. 芦荟保湿喷雾视频片头制作

视频片头可以起到宣传品牌，增强视频专业性的目的。本任务将在剪映软件中添加白幕视频，然后剪辑视频，并在其中添加品牌名称与标签，设置淡入淡出特效，具体操作步骤如下。

（1）打开剪映软件后，打开【+开始创作】/【素材库】，选择并下载白幕视频，单击"+"将白幕视频添加到轨道位于拟处理视频前端，设置时长为 5 秒，操作界面如图 8-29 所示。

图 8-29　插入白幕视频

（2）单击并选中白幕视频，单击播放区的【旋转】按钮，旋转 90°调整白幕，使其成竖排放置。如图 8-30 所示。

· 188 ·

图 8-30　调整白幕方向

（3）选择顶部工具栏【媒体】/【本地】/【导入】，将素材"自然乐园的 Logo 图片"导入材料栏。按住鼠标左键将图片拖入白幕视频上方轨道区，单击选中的 Logo 左右拖动，调整大小保持与白幕时间长度一致。选中素材"Logo"调整画面大小，使其与白幕的大小一致，如图 8-31 所示。

图 8-31　添加企业品牌标志

（4）单击并选中白幕，单击功能区右侧的【动画】工具，分别设置白幕和 Logo "轻微放大"入场出场效果，拖动下方滑块设置出入场时间 1.6 秒，如图 8-32 所示。

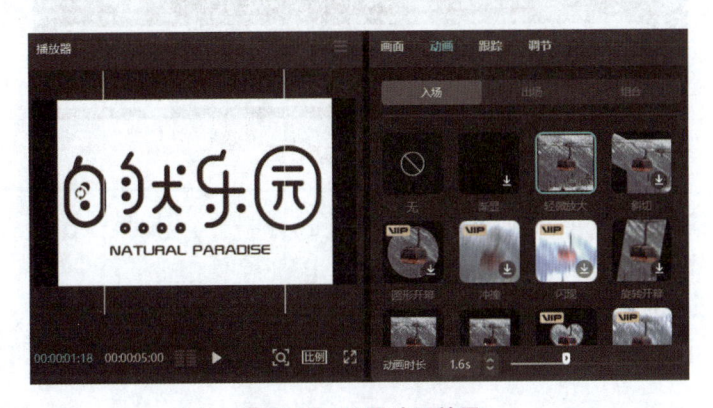

图 8-32　设置动画效果

（5）单击"播放"按钮，预览片头效果，如图8-33所示（配套素材：项目8素材/效果/主图视频 MP4）。

图8-33　视频效果

3. 芦荟保湿喷雾视频剪辑

（1）单击剪映工具栏【媒体】/【本地】/【导入】，选择"1. MOV""2. MOV""3. MOV"选项（配套资源：项目8素材/视频素材/1. MOV，2. MOV，3. MOV），单击并将其打开，导入剪映材料区，长按左键，将其拖入视频轨道区，如图8-34所示。

图8-34　视频效果

（2）单击播放器下方【比例】按钮选择9∶16（抖音）模式，90°旋转依次将视频图像调正，如图8-35所示。

（3）拖动动时间线滑块，查看视频，单击工具栏上的【分割】按钮，将不满意的视频切割，单击选中需删除的视频段，按 Delete 键将其删除，完成剪辑，如图8-36所示。

图 8-35 调整视频

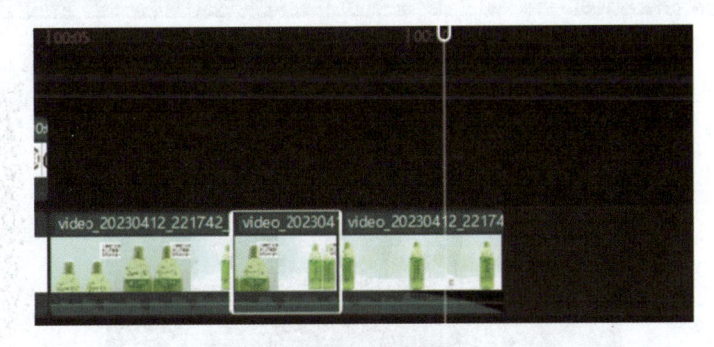

图 8-36 调整视频

（4）使用相同的方法继续添加其他视频到文件中，剪辑视频并消除视频原声，要求总时长约为 20 秒，如图 8-37 所示。

图 8-37 消除原声

保湿喷雾视频
背景音乐添加

4. 添加背景音乐

在视频中添加背景音乐，能增加视频的完整性，使内容更加丰富。本任务将为主图视频添加背景音乐，并设置淡入淡出的效果，具体操作步骤如下。

（1）选择【音频】/【音乐素材】材料栏搜索"舒缓"选择并下载合适的音乐，单击

"+"将所选音乐加入轨道栏,选中并左右滑动调整音乐长度,与视频长短匹配,如图8-38所示。

图8-38 导入音乐素材

(2)选中音乐轨道,单击右侧工具栏【基础】设置淡入淡出时长为1.6秒,调节音量大小,如图8-39所示。

图8-39 音乐淡入淡出设置

(3)单击软件界面上方工具栏【转场】,选择"叠加"转场模式为两段不同视频进行衔接,如图8-40所示。

(4)单击软件界面右上角的播放器窗口,单击"播放"按钮可试听音频效果,单击查看视频整体效果,如图8-41所示。

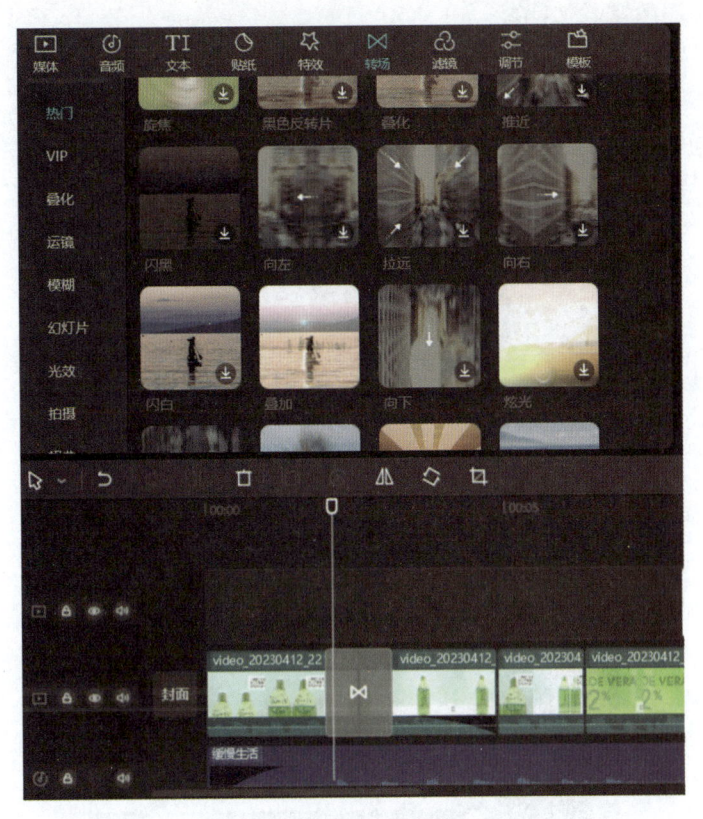

项目 8　美妆洗护类商品信息采编与优化

图 8-40　设置转场

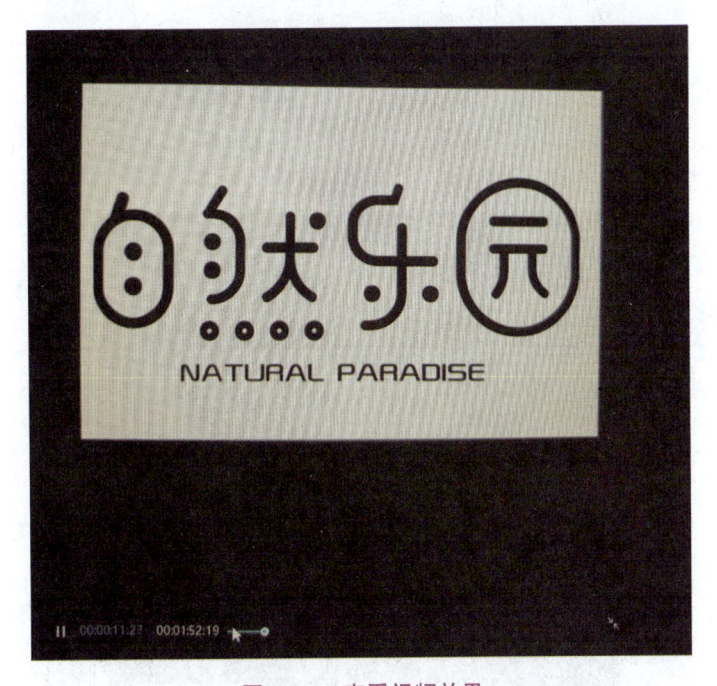

图 8-41　查看视频效果

· 193 ·

5. 为芦荟保湿喷雾添加字幕

商家在主图视频中添加字幕可以帮助提升网店的专业度并增加流量。本任务将为主图视频添加字幕，具体操作步骤如下。

（1）将时间线置于需要添加字幕的视频处，在【文本】/【新建文本】/【默认】中，单击材料栏中的"默认文本"并单击"+"将文本材料加至轨道，如图8-42所示。

图 8-42　添加文本

（2）单击选择主轨道"文本"项，将时间线置于拟插入文字的视频处，选择右侧文本基础工具栏关键帧，确定插入文字视频起始处。拖动时间线至插入文字的视频终端，选择关键帧，确定插入文字的范围，如图8-43所示。

图 8-43　确定植入范围

图 8-43 确定植入范围（续）

（3）单击选择"文本"项轨道，在右侧工具栏输入文字"原创"，字体"芋圆体"，字号 15，颜色"05D1C"，对齐方式为右对齐，调整字体至图片中的合适位置，如图 8-44 所示。

图 8-44 设置文字格式

（4）单击工具栏【贴纸】，在材料栏搜索"芦荟"选择并添加到主轨道，设置关键帧调整视频范围，调整在图中的位置，如图 8-45 所示。

图 8-45 插入贴纸

(5) 在贴纸上方添加文本文字"补水",设定关键帧使其与贴纸及"原创"应用视频范围一致,字体为"兰亭圆",字号"23",颜色"2E2F2E",对齐方式为右对齐,调整位置,效果如图8-46所示。

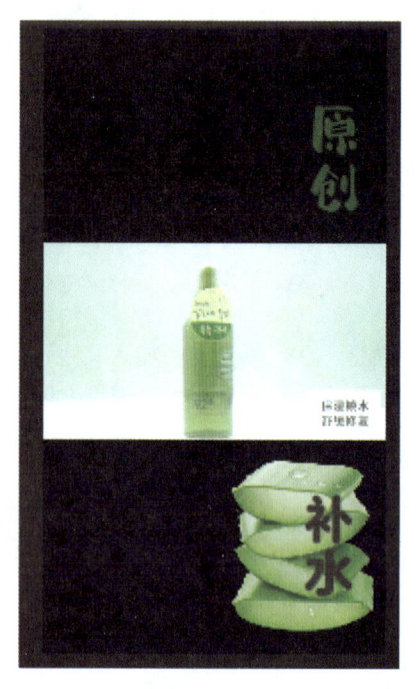

图8-46 贴纸上方植入文字

(6) 单击播放区的"播放"按钮查看视频效果,检查无误后单击右上端【导出】按钮,打开"导出设置"对话框,设置参数如图8-47所示。再单击下方的"导出"按钮。

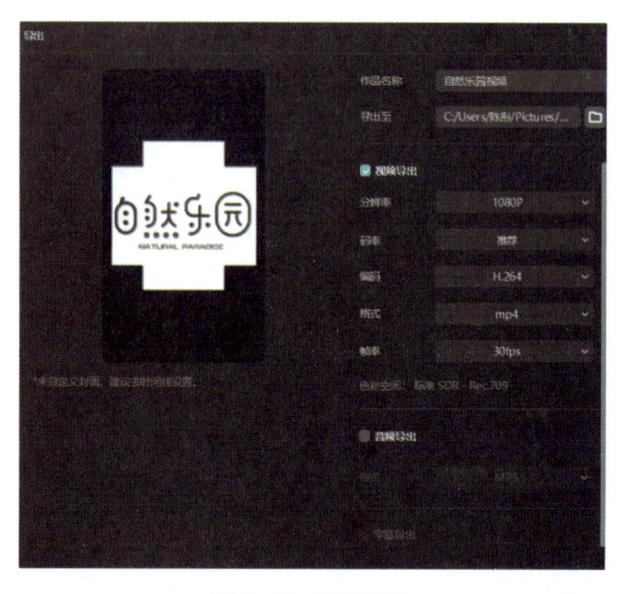

图8-47 视频导出

（7）待导出成功后，可根据需要将视频直接通过剪映发布在"抖音""西瓜视频"等社交平台上，如图8-48所示。

图8-48 视频发布

任务3　美妆洗护商品的详情页制作

一、任务目标

处理了芦荟美妆产品的图片后，还需要进行商品详情页的设计，比如要学会使用魔棒工具抠取素材图片；用矢量蒙版工具，制作芦荟保湿喷雾的倒影；用文字工具，组合编辑文字。经过技术处理后，商品详情页才能更具吸引力，展现较好的视觉效果。

二、任务分析

设计师要将芦荟保湿喷雾护肤品美化后的成品图以及给定的介绍文字，进行适当的组合排版，最终制作出图8-49所示的详情页效果。设计师设计出来的这张芦荟保湿喷雾护肤品详情页的效果图，整体以白色调打底区块分割布局图，用标签划分出五个部分，分别是产品信息、产品细化、成分介绍、产品展示和品牌故事。请思考，在详情页中制作完成这五个部分需要经过哪些步骤呢？

图 8-49　芦荟保湿喷雾护肤品详情页效果

三、任务实施

1. 制作产品信息部分

下面对产品信息部分的制作方法进行介绍，其具体操作如下。

（1）启动 Photoshop CS6，选择【文件】→【新建】命令，在打开的【新建】对话框中设置名称为芦荟保湿喷雾详情页，宽度为 794 像素，高度为 2 970 像素，分辨度为 72 像素/英尺，颜色模式为 RGB 8 位，背景内容为白色，单击"新建"按钮，如图 8-50 所示。

（2）设置工具栏里面的前景色为（RGB 244：244：244），选择油漆桶工具，在绘图窗口中单击鼠标左键填充前景色，效果如图 8-51 所示。

制作芦荟保湿护肤品的产品信息

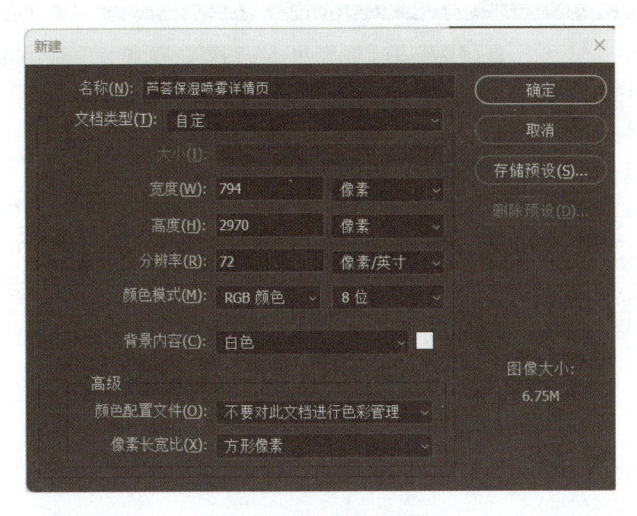

图 8-50 设置背景尺寸

图 8-51 所示填充前景色

（3）选择矩形工具，设置前景色为（RGB 75：111：39），按住 Ctrl+R 组合键，打开标尺，在标尺的 0.85 厘米处绘制宽度 44 像素，高为 22 像素的图形，新建图层，调整位置，效果如图 8-52 所示。

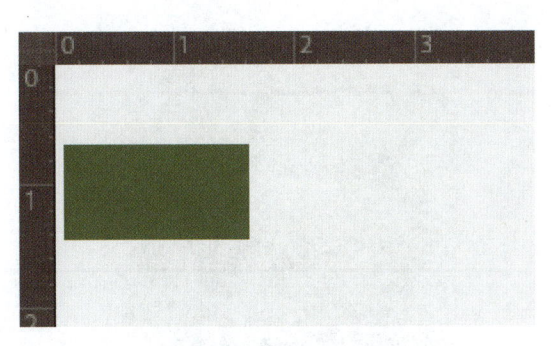

图 8-52 所示

（4）颜色不变，新建图层，绘制宽度为 590 像素、高度为 22 像素的矩形，调整位置，使其与刚绘制的矩形保持在同一水平线上，效果如图 8-53 所示。

图 8-53　新建图层并与长矩形对齐

（5）选择工具，设置字体为"创意简粗黑"，字体大小为 35.36 号，字体颜色为（RGB 75∶111∶39），输入文字"产品信息"，调整位置，如图 8-54 所示。

图 8-54　输入产品信息

（6）选择【文件】→【打开】命令，在打开的【打开】对话框中选择"芦荟"素材，单击"打开"按钮，打开"芦荟"素材，如图 8-55 所示。

（7）双击图片图层并新建图层，如图 8-56 所示。

图 8-55　打开素材　　　　　　　　　　图 8-56　新建图层

（8）选择魔棒工具，单击图片白色部分，再按住 Shift 键，选中芦荟的中间部分，如图 8-57 所示。

图 8-57　选中白色部分

（9）选择【选择】→【反向】命令，选中芦荟，按住鼠标左键不放，将其拖到主页中，合理调整大小和位置，如图8-58所示。

图8-58　查看调整后的图片

（10）选择文字工具，设置字体为"创意简中圆"字体大小为20.09号，单击并输入文字"Product information"，调整位置，设置字体颜色为（RGB 255∶255∶255），效果如图8-59所示。

图8-59　输入文字并调整位置

（11）设置前景色为（RGB 239∶238∶210）选择矩形选框工具，绘制宽度为794像素、高度为457像素的矩形，新建图层并调整位置，效果如图8-60所示。

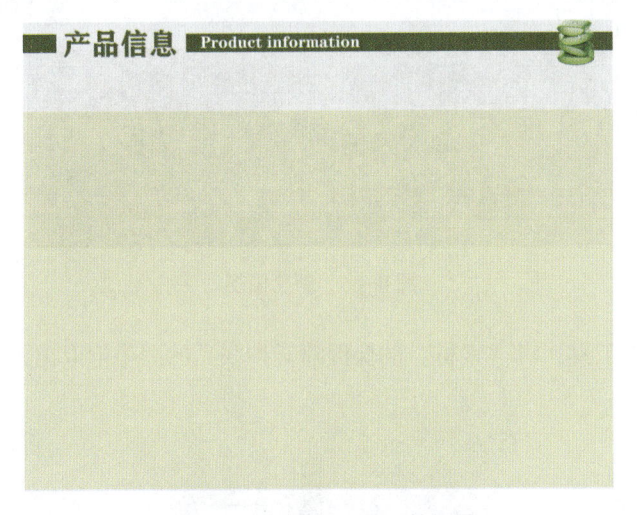

图8-60　新建图层并调整位置

（12）选择【文件】→【打开】命令，在打开的对话框选择"自然乐园Logo"素材，单击"打开"按钮，打开"自然乐园Logo"素材，如图8-61所示。

（13）双击图片图层并新建图层，如图8-62所示。

图8-61　打开"自然乐园Logo"素材　　　　图8-62　新建图层

(14）单击图片，按住鼠标左键将其拖到主页中，合理调整大小和位置，效果如图 8-63 所示。

(15）单击【文件】→【打开】命令，在打开的【打开】对话框选择"素材"，单击"打开"按钮，打开"素材"如图 8-64 所示。

图 8-63　调整 Logo 位置

图 8-64　打开素材

(16）双击图片图层并新建图层，如图 8-65 所示。

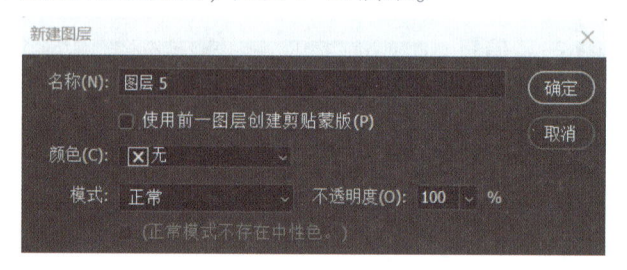

图 8-65　新建图层

(17）选择钢笔工具，将"素材"的保湿喷雾护肤品的图像抠取出来，如图 8-66 所示。

图 8-66　抠取芦荟保湿喷雾护肤品图像

(18）将抠取的保湿喷雾护肤品图像拖到主页中，并调整其位置，如图 8-67 所示。

图 8-67　调整图形主页位置

(19）选择【文件】→【打开】命令，在打开的"打开"对话框中选择"芦荟背景图"素材，单击【确定】按钮，打开"芦荟背景图"素材，如图 8-68 所示。

图 8-68　打开芦荟背景素材

(20）双击图片图层并新建图层，如图 8-69 所示。

图 8-69　新建图层

（21）将"橄榄背景图"图片拖到主页中，合理调整大小和位置，再将图层放于"保湿喷雾护肤品"图层之下，效果如图8-70所示。

图8-70 调整后的效果

（22）选择芦荟保湿喷雾护肤品图层，按住鼠标左键不放，拖动到右下角的"创建新建图层"按钮上，释放鼠标，复制一个图层，按住Ctrl+T组合键，进入编辑状态，将其垂直翻转，调整位置后，再单击"确定"按钮，效果如图8-71所示。

（23）选择矩形选框工具：先选中芦荟保湿喷雾的倒影图图层，选择【选择】→【反向】命令，效果如图8-72所示。

图8-71 图形　　　　　　　　　图8-72 绘制矩形图

（24）单击图片右下角的"添加图层蒙版"按钮，形成蒙版图案，如图8-73所示。
（25）在图层右上方，设置该图层透明度为10%，效果如图8-74所示。

图 8-73　形成蒙版　　　　　　　　图 8-74　设置图层透明度

（26）选择橡皮擦工具，设置大小为 30 像素，如图 8-75 所示。再将橡皮擦头设置为柔边圆。

（27）擦掉底部的多余部分，效果如图 8-76 所示。

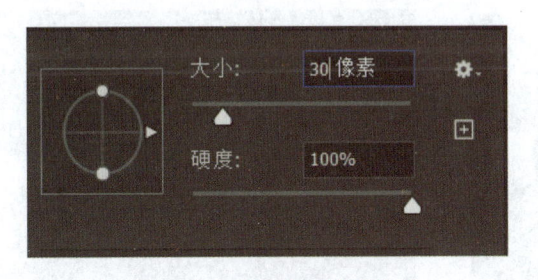

图 8-75　设置橡皮擦的大小　　　　图 8-76　擦掉多余部分

（28）选择文字工具，设置字体为宋体，字体大小为 13 号，字体颜色为黑色，输入文字"【产品名称】芦荟舒缓喷雾""【规格】正常规格""【化妆品净含量】150 mL""【功效】水润呵护""【品牌】NATURE REPUBLIC/自然乐园""【产地】韩国"设置上下间距为 30.66 点，调整位置，效果如图 8-77 所示。

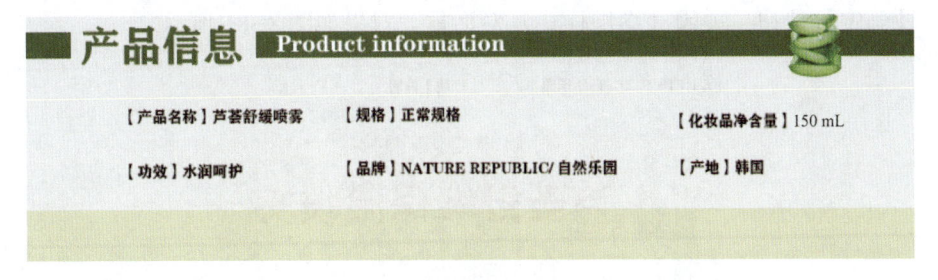

图 8-77　输入并调整文字

（29）新建图层，设置字体为"创意简粗黑"，字体大小为 37.39 号，输入文字"芦荟舒缓保湿喷雾"，调整位置，效果如图 8-78 所示。

· 205 ·

图 8-78 新建图层并输入文字

（30）双击该文字图层，打开【图层样式】对话框，选择【渐变叠加】选项，单击渐变色块，如图 8-79 所示。

（31）打开【渐变编辑器】对话框，如图 8-80 所示。

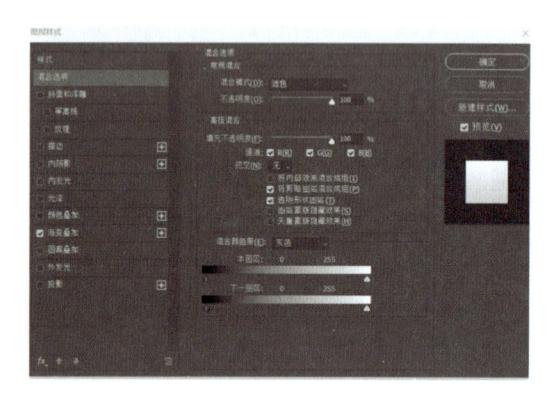

图 8-79 图层样式对话框　　　　　图 8-80 打开"渐变编辑器"对话框

（32）单击渐变色带左下角的色块，在"色标"栏中设置颜色为（RGB 200：0：0），再单击渐变色带右下角的色块，在"色标"栏中设置颜色为（RGB 250：117：30），依次单击【确定】按钮，关闭【图层样式】对话框，效果如图 8-81 所示。

图 8-81 设置渐变色后的效果

（33）新建图层，设置字体为"创意简粗黑"，字体大小为 19.42 号，颜色为（RGB 75∶111∶39），输入文字"芦荟保湿喷雾 150 mL"调整位置，效果如图 8-82 所示。

图 8-82　输入并设置其他文字

（34）新建图层，设置字体为"创意简中圆"，字体大小为 19.27 号，颜色为（RGB 127∶86∶41），输入文字"水乳呵护，深层补水"，调整位置，效果如图 8-83 所示。

图 8-83　设置其他文字

（35）新建图层，设置字体为"防止黄草简体"字体大小为 28.56 号，字体颜色为（RGB 89∶89∶89），输入"美丽源于自然乐园！"单击右边的字符，设置上下行距为 35.03 点，字距为-50，如图 8-84 所示。

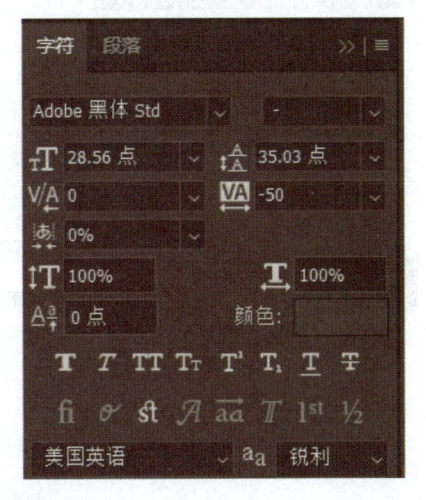

图 8-84　输入文字

（36）调整文字位置，完成最后效果图如 8-85 所示。

图 8-85　完成后的效果

2. 制作其他部分产品信息

下面对其他产品信息部分的制作方法进行介绍，具体操作如下。

（1）设置前景色为（RGB 75：111：39），选择矩形工具，绘制宽度为 44 像素、高度为 22 像素 的矩形，新建图层，调整位置，效果如图 8-86 所示。

其他信息部分制作

（2）颜色不变，新建图层，绘制宽度为 590 像素、高度为 22 像素的矩形，调整位置，效果如图 8-87 所示。

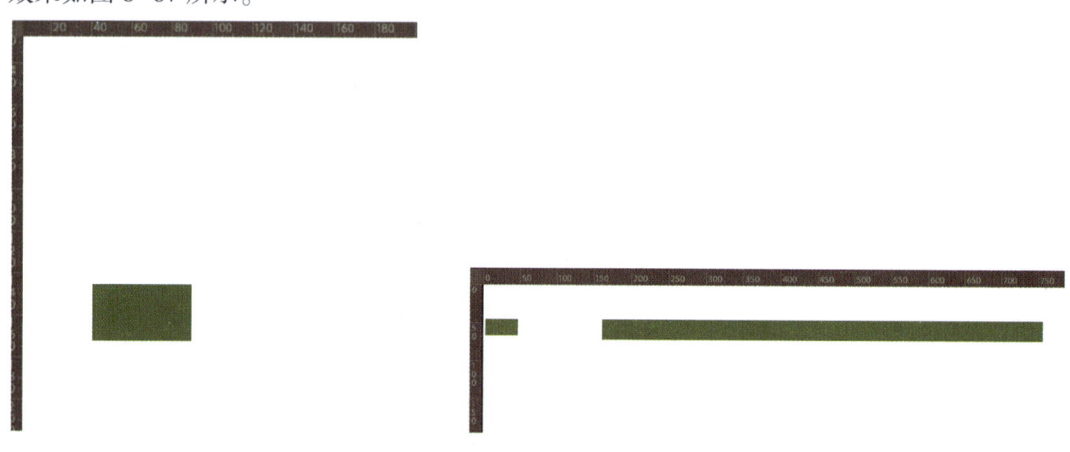

图 8-86　绘制矩形并调整位置

图 8-87　新建图层并调整高度

（3）选择文字工具，设置字体为"创艺简粗黑"，字体大小为 35.36 号，字体颜色为（RGB 75：111：39），输入文字"产品信息"，调整位置，效果如图 8-88 所示。

产品信息

图 8-88 输入文字

（4）选择【文件】→【打开】命令，在打开的【打开】对话框中选择"芦荟"素材，单击"确定"按钮，打开"芦荟"素材，如图 8-89 所示。

（5）双击图片图层并新建图层，如图 8-90 所示。选择魔棒工具，单击图片中的白色部分，然后按住 Shift 键，单击芦荟中间白色部分，如图 8-91 所示。

图 8-89 打开"芦荟素材"　　　　图 8-90 新建图层

图 8-91 选择选区

（6）选择【选择】→【反向】命令，选中橄榄枝，把橄榄枝拖到主页中，合理调整大小和位置，效果如图 8-92 所示。

图 8-92 查看调整后的效果

· 209 ·

(7) 选择文字工具，设置字体为"创艺简中圆"，字体大小为 20.09 号，输入英文"Product information"，合理调整大小和位置，效果如图 8-93 所示。

图 8-93 输入英文 Product information

(8) 选择【文件】→【打开】命令，在打开的【打开】对话框中选择"素材"，单击"打开"按钮，打开"素材"，如图 8-94 所示。

(9) 双击图片图层并新建图层，如图 8-95 所示。

图 8-94 打开素材

图 8-95 新建图层

(10) 选择钢笔工具，将素材的保湿喷雾图像抠取出来，如图 8-96 所示。

图 8-96 抠取芦荟保湿喷雾图像

(11) 将抠取的芦荟保湿喷雾图像拖到主页中，合理调整其大小和位置，效果如图 8-97 所示。

图 8-97　合理调整大小和位置

（12）选择【文件】→【打开】命令，在打开的【打开】对话框中选择"素材 2"素材，单击"确定"按钮，打开"芦荟 2"素材，如图 8-98 所示。

双击图片图层并新建图层，如图 8-99 所示。

图 8-98　打开素材　　　　　　图 8-99　新建图层

（13）选择魔棒工具，单击图片中的白色部分，选择【选择】→【反向】命令，选中芦荟，将选择的芦荟拖到主页中，合理调整大小和位置，将该图层放于芦荟保湿喷雾图层的下方，效果如图 8-100 所示。

图 8-100　拖入素材

· 211 ·

（14）选择文字工具，设置字体为"方正细黑一简体"，字体大小为 18 号，颜色为（RGB W1：128：25），输入文字"自然乐园芦荟保湿喷雾 150 mL 韩国 55 元 3 年（具体详情见实物）任何肤质/所有人群所有人群蕴含多种美肤成分，随时随地或上妆后使用，为皮肤提供及时的补水和保湿，带来意想不到的滋润效果，并在肌肤表层形成一层保护膜，锁住水分使妆容持久、自然，充满光泽。瞬间保湿肌肤，使妆容持久、自然。"调整上下行距为"30.66 点"。将文字行距设置为"-25"，如图 8-101 所示。调整位置后的效果如图 8-102 所示。

图 8-101　设置字体样式

图 8-102　文字效果

（15）新建图层，设置字体为创艺简粗黑，字体大小为 20 号，字体颜色为（RGB 101：128：25），输入文字"商品名称：""产品规格：""产地：""专柜价：""保质期：""适合人群：""产品介绍：""产品特点："，调整位置，效果如图 8-103 所示。

图 8-103　设置字体

芦荟相关的介绍

3. 制作"关于芦荟"部分

下面对制作橄榄部分的方法进行介绍，其具体操作如下。

（1）设置前景色为（RGB 75∶111∶39），选择矩形工具，绘制宽度为 44 像素、高度为 22 像素的矩形，新建图层，调整位置，效果如图 8-104 所示。

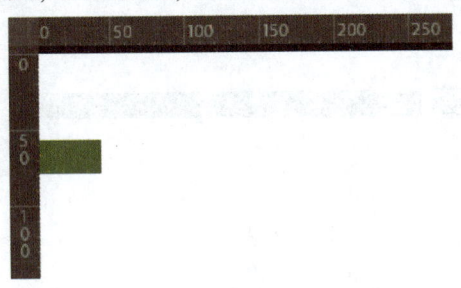

图 8-104　绘制矩形图

（2）颜色不变，新建图层，绘制宽度为 590 像素、高度为 22 像素的矩形，调整位置，效果如图 8-105 所示。

图 8-105　新建图层并再次绘制

（3）选择文字工具，设置字体为"创艺简粗黑"字体大小为 35.36 号，颜色为（RGB 75∶111∶39），输入文字，"关于芦荟"调整位置，效果如图 8-106 所示。

图 8-106　输入文字

（4）选择【文件】→【打开】命令，在打开的【打开】对话框中选择"芦荟"素材，单击"确定"按钮，打开"芦荟"素材，如图 8-107 所示。

（5）双击图片图层并新建图层。选择魔棒工具，单击图片中的白色部分，再按住 Shift 键单击芦荟中间白色部分，如图 8-108 所示。选择【选择】→【反向】命令，选中橄榄枝，将选中的橄榄枝拖到主页中，合理调整大小和位置，效果如图 8-109 所示。

图 8-107　打开"芦荟"素材　　图 8-108　选中芦荟白色部分　　图 8-109　调整图片大小和位置

(6) 选择文字工具,设置字体为"创艺简中圆",字体大小为 20.09 号,输入文字"关于芦荟",合理调整位置,效果如图 8-110 所示。

图 8-110　输入文字

(7) 选择【文件】→【打开】命令,在打开的"打开"对话框中选择"素材 4"素材,单击【确定】按钮,打开素材文件夹单击"打开"按钮,打开"素材"如图 8-111 所示。

(8) 双击图片图层并新建图层,选择魔棒工具,单击图片中白色部分,再按住 Shift,单击素材其他白色部分。选择【选择】→【反向】命令,选中素材,将选择的素材拖到主页中,按 Ctrl+T 组合键,进行编辑状态,单击鼠标右键,在弹出的快捷菜单中选择"水平翻转"命令,合理调整其大小和位置,效果如图 8-112 所示。

(9) 使用相同的方法添加其他素材,如图 8-113 所示。

图 8-111　打开素材　　　图 8-112　水平翻转素材　　　图 8-113　添加素材

(10) 将其放到主页中再调整其大小和位置,效果如图 8-114 所示。

图 8-114　调整素材位置

项目8　美妆洗护类商品信息采编与优化

（11）选择文字工具，设置字体为"创艺简粗黑"，字体大小为27.6号，字体颜色为（RGB 101∶128∶25），输入文字"万能植物——芦荟，不一般的呵护！"，调整位置，效果如图8-115所示。

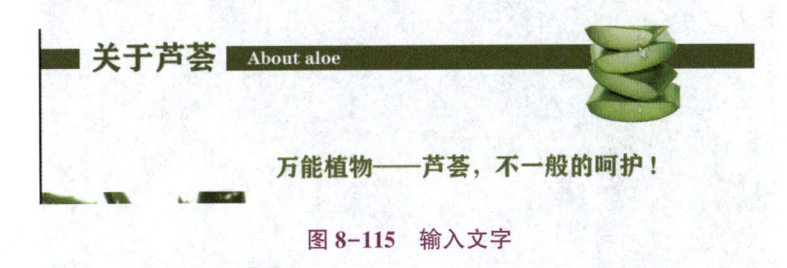

图8-115　输入文字

（12）新建图层，设置字体为黑体，字体大小为17号，输入文字"芦荟当中含有一些维生素，氨基酸，也含有一些矿物质，具有一定的抗菌消炎的功效"。芦荟的应用领域是非常广泛的，如美容、保健等。能够促进伤口的愈合，还具有一定的美容作用，保持皮肤有弹性有光泽。芦荟的话语为青春之源，寓意着年轻、青春、活力，在自然界中被称为植物之王。待输入完后调整位置，效果如图8-116所示。

图8-116　输入文字

（13）新建图层，输入文字，设置字体为黑体，字体大小为17号，输入文字"关于芦荟的最早记载见于古埃及医书《艾帕努斯·巴皮努斯》。考古人员发现芦荟曾被置于金字塔中木乃伊的膝盖之间。书中不仅记载了芦荟对腹泻和眼病的治疗作用，还有包含了芦荟的多种处方。这部书写于公元前1 550年，也就是说，在3 500年前芦荟就已经被当作药用植物了。此后，由于马可多利亚帝国，芦荟被传到了欧洲。公元前1世纪，罗马皇帝的御医蒂俄斯可利蒂斯著有医书《克利夏本草》，书中有针对不同病症使用芦荟的具体处方，并把芦荟称作为万能药草。芦荟中含的多糖和多种维生素对人体皮肤有良好的营养、滋润、增白作用。翠叶芦荟是最适宜直接美容的芦荟鲜叶，即库拉索芦荟，它具有使皮肤收敛、柔软化、保湿、消炎、漂白的性能。还有解除硬化、角化、改善伤痕的作用，不仅能防止小皱纹、眼袋、皮肤松弛，还能保持皮肤湿润、娇嫩，同时，还可以治疗皮肤炎症，对粉刺、雀斑、痤疮以及烫伤、刀伤、虫咬等亦有很好的疗效。对头发也同样有效，能使头发保持湿润光滑，预防脱发。"双击该文字图层，打开【图片样式】对话框，选择【描边】选项，设置大小为"3"像素，如图8-117所示。调整位置后的效果如图8-118所示。

· 215 ·

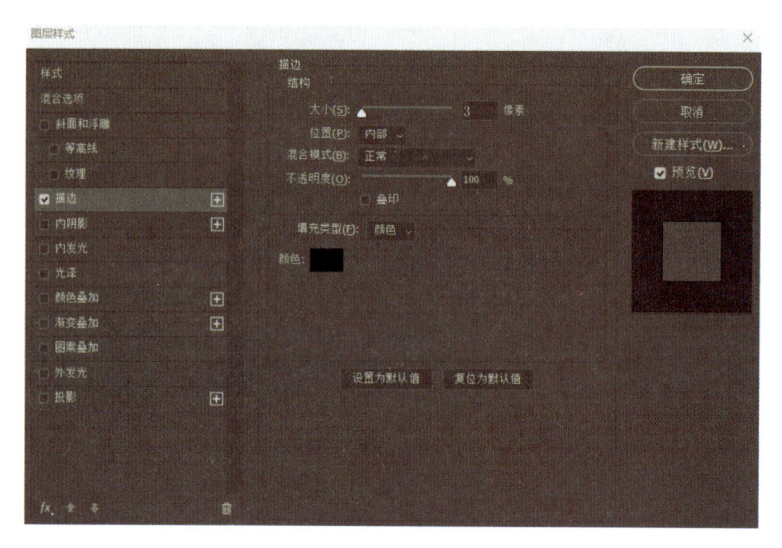

图 8-117　设置文字图层样式

图 8-118　调整文字位置后的效果

4. 制作产品展示部分

下面对产品展示部分的制作方法进行介绍，其具体操作如下。

（1）设置前景色为（RGB 75∶111∶39），选择矩形工具，绘制宽度为 44 像素、高度为 22 像素的矩形，新建图层，调整位置，效果如图 8-119 所示。

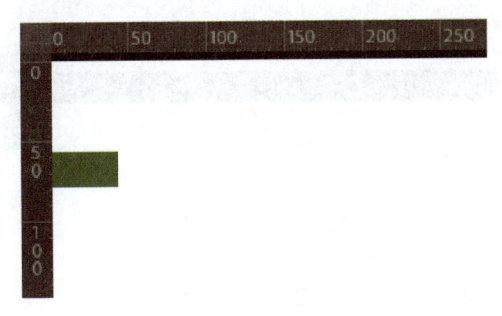

图 8-119 绘制矩形

（2）颜色不变，绘制矩形，设置宽度为 590 像素，高度为 22 像素，调整位置，效果如图 8-120 所示。

图 8-120 新建图层并在此绘制矩形

（3）选择文字工，设置字体为"创艺粗简黑"字体大小为 35.36 号，颜色为（RGB 75：111：39），输入文字"产品展示"，调整位置，效果如图 8-121 所示。

图 8-121 输入文字

（4）选择【文件】→【打开】命令，在打开的【打开】对话框中选择"芦荟"素材，单击"确定"按钮，打开"芦荟"素材，如图 8-122 所示。

图 8-122 打开芦荟素材

（5）双击图片图层，新建图层。选择魔棒工具，单击图片中的白色部分，再按住 Shift 键，单击芦荟中间的白色部分。

（6）选择【选择】→【反向】命令，选中芦荟，将选中的芦荟拖入主页中，合理调整大小和位置，效果如图 8-123 所示。

· 217 ·

图 8-123 插入图片

（7）选择文字工具，设置字体为"创艺简中圆"，字体大小为 20.09 号，输入文字"Product exhibition"，调整位置，效果如图，8-124 所示。

图 8-124 输入英文

（8）选择【文件】→【打开】命令，在打开的【打开】对话框中选择"产品展示"素材，单击"打开"按钮，打开"产品展示"素材，如图 8-125 所示。双击图片图层，新建图层。将素材拖到主页中，合理调整大小和位置，效果如图 8-126 所示。

图 8-125 打开产品素材　　　　图 8-126 调整图片和大小位置

5. 制作品牌故事部分

下面对制作品牌故事部分的方法进行介绍，其具体操作如下。

（1）设置前景色为（RGB 75：111：39），选择矩形工具，绘制宽度为 44 像素，高度为 22 像素的矩形，新建图层，调整位置，效果如图 8-127 所示。

（2）颜色不变，新建图层，绘制矩形，设置宽度为 590 像素，高度为 22 像素。调整位置，效果如图 8-128 所示。

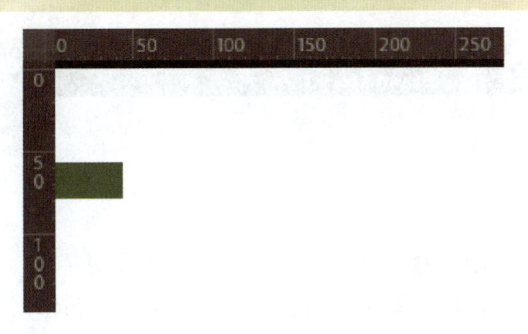

图 8-127　绘制矩形图

图 8-128　新建图层再次绘制矩形图

(3) 选择文字工具，设置字体为"创艺简粗黑"，字体大小为 35.36 号，字体颜色为 (RGB 75∶111∶39)，输入文字"品牌故事"，调整位置，效果如图 8-129 所示。

(4) 选择【文件】→【打开】命令，在打开的【打开】对话框中选择"芦荟"素材，单击"打开"按钮，打开"芦荟"素材。

(5) 双击图片图层并新建图层。选择魔法棒工具，单击图片中白色部分，再按住 Shift 键，单击芦荟中间的白色部分，如图 8-130 所示。

图 8-129　输入文字　　　　　　　图 8-130　选择白色部分

(6) 选择【选择】→【反向】命令，选中芦荟，将芦荟拖入到主页中，合理调整大小和位置，如图 8-131 所示。

图 8-131　调整大小和位置

(7) 选择文字工具，设置字体为"创艺简中圆"，字体大小为 20.09 号，输入英文 "Brand story"，调整位置，效果如图 8-132 所示。

图 8-132　输入英文

（8）设置前景色为（RGB 75：111：39），选择圆角矩形工具，绘制圆角矩形，设置宽度为 126 像素，高度为 52 像素，半径为 10 像素，绘制三个圆角矩形，效果如图 8-133 所示。

图 8-133　绘制圆角矩形

（9）选择文字工具，设置字体为"创艺简中圆"，字体大小为 15 号，颜色为（RGB 75：111：39），输入文字，效果如图 8-134 所示。

图 8-134　输入文字

（10）新建图层，设置字体大小为 27.6 号，颜色为（RGB 239∶238∶210），输入文字"源自""品牌""自然"，调整位置，新建图层，设置字体大小为 19 号，输入文字，"From""Brand""Nature"调整位置，效果如图 8-135 所示。

图 8-135　输入栏目文字

（11）新建图层，设置字体大小为 33.37 号，输入文字，"将大自然的馈赠分享与每一个人"。调整位置，效果如图 8-136 所示。

图 8-136　输入标题文字

（12）选择【文件】→【打开】命令，打开素材，双击图片图层并新建图层，将图片拖入到主页中，合理调整大小和位置，效果如图 8-137 所示。

（13）使用相同的方法，按照从下自上的顺序将"品牌故事 2""品牌故事 3""品牌故事 4"素材拖入主页中，最终效果如图 8-138 所示。

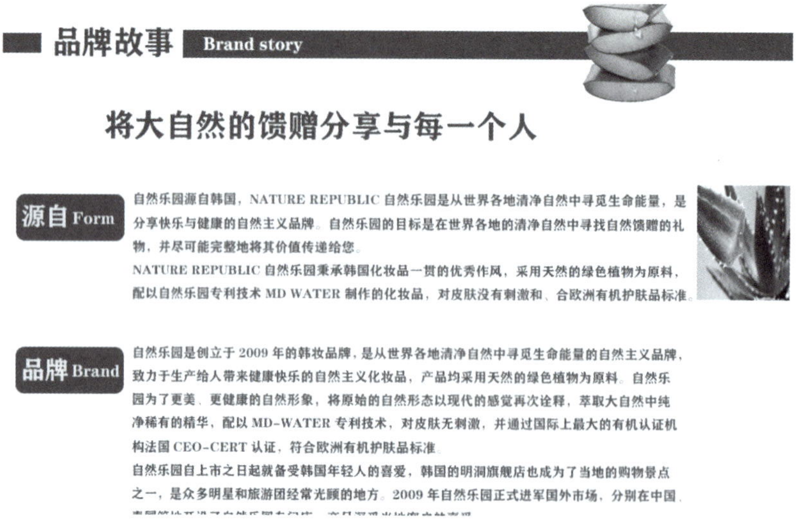

图 8-137　添加图片

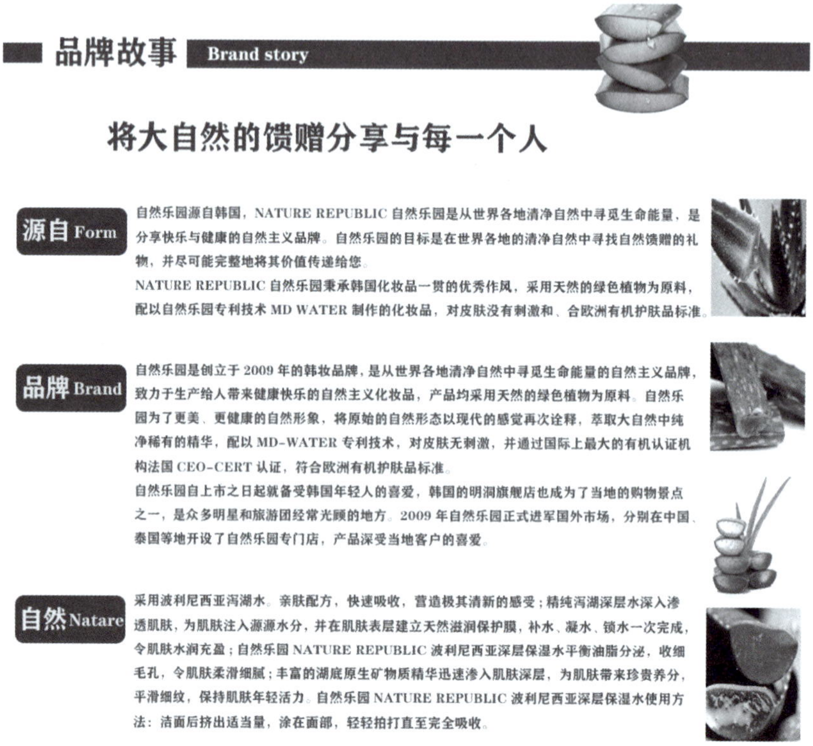

图 8-138　添加其他素材

固本培元

一、单选题

1. 电商视觉服务公司的商品图片美化由文案人员和（　　）共同完成。
A. 摄影师　　　　B. 主管　　　　　　C. 美工人员　　　　D. 设计师

2. 商品拍摄的工作流程是（　　）。
①分析商品的特点；②拍摄商品；③制订拍摄方案。
　A. ①②③　　　　B. ①③②　　　　C. ②①③　　　　D. ③②①
3. 能柔化生硬的光线，使光质变得柔和的工具是（　　）。
　A. 遮光罩　　　　B. 三脚架　　　　C. 闪光灯　　　　D. 柔光箱
4. 快门用于控制光线照射感光元件的时间，用（　　）表示。
　A. S　　　　　　B. F　　　　　　C. ISO　　　　　D. PX
5. （　　）构图方式是以三个视觉中心为元素的主要位置，形成一个稳定的三角形。
　A. 九宫格　　　　B. 对角线　　　　C. 三角形　　　　D. 黄金分割

二、多选题

1. 商品信息采编在电子商务领域中的重要性主要体现在（　　）。
　A. 传递商品信息、减少咨询　　　　B. 提升商品品牌形象
　C. 减少库存和产品积压　　　　　　D. 提高转化率
2. 商品信息采编工作随着电子商务的发展、市场需求的变化，主要呈现出（　　）等趋势。
　A. 简洁化　　　　B. 平台移动化　　C. 设计扁平化　　D. 虚拟互动化
3. 以下应用采用了AR技术的有（　　）。
　A. 人脸识别　　　B. 红包扫描　　　C. 虚拟试妆　　　D. AR家具摆放
4. 以下属于拍摄时需要的辅助配件器材的有（　　）。
　A. 无线引闪器　　B. 反光伞　　　　C. 背景纸　　　　D. 静物台
5. 为了提高商品图片的质量，在拍摄商品时应该遵循的原则有（　　）。
　A. 商品图片清晰　B. 风格多边　　　C. 背景纸　　　　D. 打光自然

三、判断题

1. 美工组的主管主要负责商品素材的搜集、拍摄，商品图片的处理，以及网店首页、商品详情页、活动页等的相关设计工作。（　　）
2. 快门速度越快，运动物体越清晰适用于对运动物体的抓拍。（　　）
3. 移动端电商店铺主图尺寸为600像素×600像素。（　　）
4. 在商品正式拍摄之前，要考虑的是所拍摄商品的特性和实际情况。（　　）
5. 商品细节图片可以使用具有微距功能的相机拍摄。（　　）

四、简答题

1. 进行拍摄时使用的设备有哪五种？
2. 简述动效能为界面设计带来哪些好处？
3. 自选一个自己满意的作品并简要阐述设计题目和主题是什么，自己是如何策划和设计表现的。

融会贯通

剪映做视频

淘宝一美妆店打算上一款全新的保湿水乳套盒，请你利用提供的素材（配套资源：项

目 8 素材/8-2 素材/保湿水乳视频 1.2.3.4. MOV.）运用剪映软件制作一个主视频，要求经过剪辑后添加音乐，画面与音乐一致，展现出保湿水乳套盒的卖点，效果如图 8-139 所示。

图 8-139 视频效果

笃行致远

一、实训目标

能够根据给定材料，自行制作出一张雅诗兰黛口红详情页。

二、实训背景

店铺计划上新雅诗兰黛新款口红，要加强宣传力度，进行商品拍摄宣传，制作口红的功效海报。

三、实训要求

突出该口红微闪珠光、水润显色、不易掉色、时尚新色、包装设计精美的卖点，然后列举其口红掉色困扰消费者的头皮问题，其次通过该口红解决掉色问题，再分析口红的成分，强调颜色，给出适用人群，并配上实拍图，效果如下图所示。

四、实训步骤

（1）制作宣传模块：设置促销区域，添加促销文本。

（2）制作产品信息模块：使用作图工具绘制圆角矩形图形和直线形状，能够添加产品信息文本内容。

（3）制作细节赏析部分：错落排序细节图、添加细节说明文字、突出服装卖点。

（4）制作商品图片展示部分：添加文本、调整图片大小。

五、实训成果

形成一幅雅诗兰黛口红详情图，要求信息完整、卖点突出、画面唯美。

项目 9　小家居用品商品信息采编与优化

【知识目标】
1. 掌握商品图片和短视频的拍摄方法。
2. 掌握商品主图、海报和详情页的构图方式。
3. 掌握商品短视频优化流程。

【能力目标】
1. 能够完成小家居商品图片和短视频的拍摄工作。
2. 能够完成小家居商品主图、海报和详情页的设计工作。
3. 能够完成小家居商品短视频的优化工作。

【素养目标】
提升专业技能，培养做事有条理，严谨、认真的工作态度。

提要钩玄

```
                                        ┌── 水杯卖点分析
                                        ├── 水杯拍摄思路
                              ┌─ 陶瓷水杯拍摄 ─┼── 水杯静置棚拍
                              │          ├── 模特展示拍摄
                              │          └── 水杯视频拍摄
                              │
                              │          ┌── 水杯商品图片处理
                              │          ├── 陶器水杯商品海报制作
                              │          ├── 水杯商品主图制作
  小家居用品                    │          ├── 水杯视频片头制作
  商品信息采 ──────────────── 水杯商品图片 ──┼── 水杯视频剪辑
  编与优化                     与短视频优化    ├── 为视频添加背景音乐
                              │          └── 为水杯视频添加字幕
                              │
                              │          ┌── 制作卖点展示部分
                              └─ 杯具商品  ─┤
                                 详情页设计  └── 制作产品信息部分图
```

导入案例

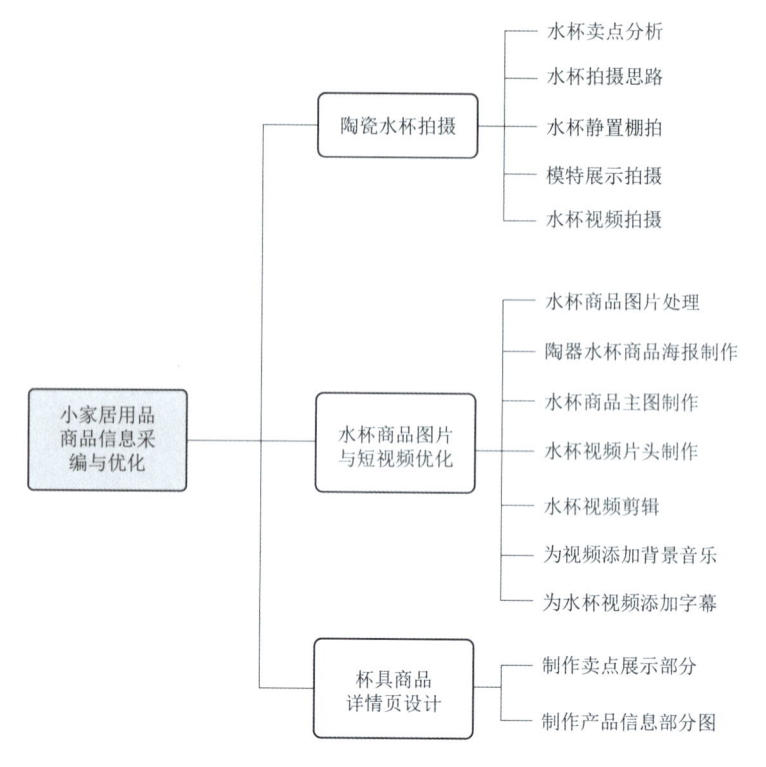

中国作为四大文明古国之一，为人类社会的进步和发展做出了卓越的贡献，其中陶瓷的发明和发展更具有独特的意义。中国瓷器凝结了历代工匠的智慧与心血，积聚了时代与民族的精华，成为中国乃至世界科技、工艺、文化史上的奇葩，成为外国语汇里中国的代名词。在国际社会上，"China"既有中国的意思，又有陶瓷的意思，这就清楚地表明了中国就是"陶瓷的故乡"，而陶瓷就是中国的象征。

在历史发展的长河中，人类运用水、火、土的不同特性，在一万年以前产生了人类第一次试图改造自然的创造物——陶器。又经过数千年的历程，在亚洲大陆的东部，中国人的祖先率先将三者完美地结合起来，孕育了一种新的物质，创造出温润、洁净、雅致的瓷器。

瓷器的诞生是个漫长的过程，新石器时代制陶技术的高度发达为瓷器的产生奠定了技术基础。陶器到瓷器的飞跃需要实现三大突破：瓷土的应用、釉的发明和窑炉的改进。在商代前期，原始青瓷出现，标志着瓷器已经开始萌芽；春秋战国时期进一步发展；东汉中晚期浙江地区烧造的青瓷，达到了现代瓷器的各项标准，标志着瓷器创制过程的完成。瓷是最能体现人类技术能力和人文情致的人工创造物。它是巧妙利用和驾驭自然力的技术成就，也是满足社会生活需要的物质财富，还是寄托和比附高尚品格的文化载体。

现代陶艺是现代社会文明发展的产物，是现代艺术运动的产物，它符合现代人的审美心理需求。现代陶艺在追求形式方面较之传统陶艺更为丰富多彩，在审美观念方面现代陶艺与传统陶艺也存在越来越大的差异，现代陶艺已走进了纯艺术领域。相应的，现代陶艺要求陶艺家们要尽可能地去不拘一格、不求一致，尽其所能地发掘和发挥，表现其形式美。受现代艺术思潮的影响，陶艺家们尝试把现代雕塑、印象画派的语言植入现代陶艺的装饰和造型中，形成了现代主义的新内涵、新风貌。这种陶艺的存在形式，不论造型或装饰都是较抽象的，尽可能地展现人的感情、意念，追求作品的寓意性、哲理性有效拓宽了欣赏者的联想空间。

（资料来源：中国传统手工艺——陶瓷［EB/OL］. 搜狐网，2022-04-02，有删减）

任务1 陶器水杯拍摄

一、任务目标

某公司淘宝网店新到一批手工的陶器水杯，现在需要上架这款陶器水杯，李明所在企业需要拍摄老师先拿到陶器水杯样品后再对其进行拍摄，将陶器的特质通过商品图片和视频表现出来，为后期商品图片的处理做准备。

二、任务分析

本任务中的陶器水杯是一件人工打造的具有中国传统手艺的商品，为了更好地展现陶器水杯的视觉效果，拍摄人员需要对水杯的卖点进行分析，总结拍摄思路。本任务将先对水杯卖点、拍摄思路进行梳理，再通过摄影充分表现出水杯外观、细节等特点，最后还需要注意小家居商品的拍摄技巧，以供参考。

三、任务实施

1. 水杯卖点分析

在正式拍摄陶器水杯之前，需要仔细阅读厂家提供的产品参数，了解水杯的材质、做工、特色等，并提炼分析出水杯的卖点。本例中陶器水杯的卖点总结为以下三点。

（1）容量设计：圆润饱满，容量大。

（2）外观设计：精美图案，手感光滑。

（3）材质：黏土烧制，更加环保。

2. 水杯拍摄思路

通过水杯的卖点分析，接下来主要从以下三个方面进行水杯的拍摄：水杯静置棚拍、模特展示摆拍，以及陶器水杯视频拍摄。在拍摄时，需要选择纯色背景进行拍摄，切记背景杂色太多，干扰主体。在拍摄开始前，选择合适的相机并对相机拍摄参数进行设置，如图9-1所示分别为水杯静置棚拍、模特展示摆拍，以及陶器水杯视频拍摄所用的相机拍摄主要参数。

照相机型号：SONY A7M4　　　照相机型号：SONY A7M4　　　照相机型号：SONY A7M3
光圈数值：F6　　　　　　　　光圈数值：F8　　　　　　　　光圈数值：F8
快门速度：1/80　　　　　　　快门速度：1/100　　　　　　 快门速度：1/100
曝光补偿：0　　　　　　　　 曝光补偿：0　　　　　　　　 曝光补偿：0
焦距：100 mm　　　　　　　 焦距：80 mm　　　　　　　　 焦距：70~200 mm
测光模式：中心测光　　　　　测光模式：中心测光　　　　　测光模式：中心测光
感光度：视环境改变　　　　　感光度：视环境改变　　　　　感光度：视环境改变
白平衡：自动　　　　　　　　白平衡：自动　　　　　　　　白平衡：自动

图 9-1　相机拍摄参数

3. 水杯静置棚拍

将我们的陶器水杯置于摄影棚内进行拍摄，需要对影棚进行整理。利用现有场景，将背景换成纯色的背景，避免背景过于杂乱。将摄影灯置于合适的位置，突出水杯的细节以及立体感。将水杯置于静物台，通过不同的姿势，摆放不同的位置，多角度拍摄水杯的外型。注意在拍摄时光线均匀。图 9-2 所示为陶器水杯影棚拍摄效果。

图 9-2　水杯棚拍效果图

4. 模特展示拍摄

模特手持水杯进行拍摄，能够很好地展示商品的尺寸信息，可以通过模特的展示，更加真实地将商品的效果呈现出来，这也是最为直观的展示手段。但是，在这个过程中，需要的成本会相应增加，对模特的要求也比较高，商品需要人物手持进行拍摄，所以模特除了外型漂亮之外，手形也要完美，尽可能地选择纤细的手形，这样更有利于画面的美观。在拍摄时，我们选择不同的景别和不同的角度进行拍摄（图 9-3）。

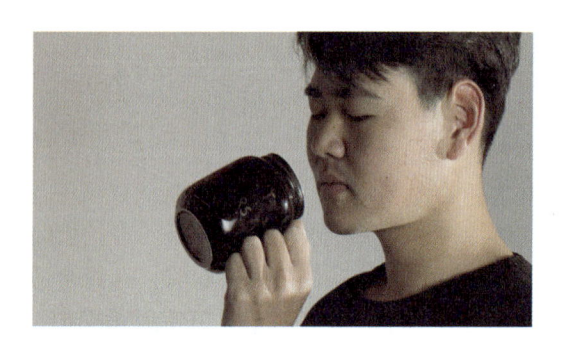

图 9-3　水杯中景拍摄效果和模特近景拍摄效果

（1）中景拍摄：拍摄模特拿着水杯整体效果。拍摄时，需要模特变换几个动作，并变换水杯拍摄角度，灵活进行横向或竖向构图。

（2）近景拍摄：拍摄模特手持水杯喝水的镜头，展现杯口、瓶口、图案等细节。

5. 水杯视频拍摄

水杯的视频拍摄我们分为两部分内容。一部分是静物台静置拍摄，另一部分是模特展示拍摄。要求对水杯的外观、工艺、细节等的进行展示，同时增加模特展示视频，拍摄模特使用此水杯喝水的过程，如图9-4所示。

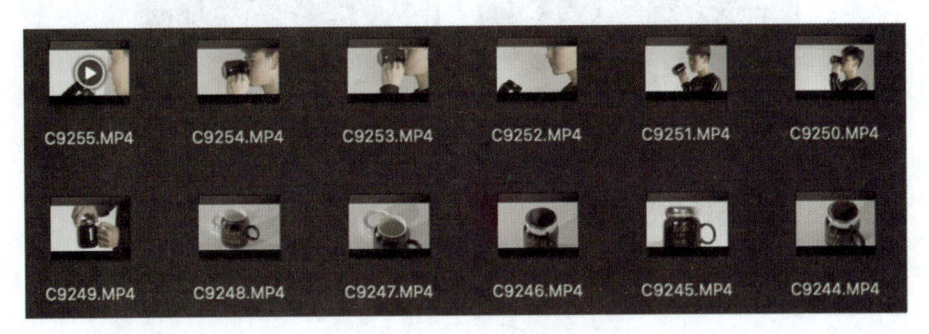

图9-4　视频拍摄效果

在陶器水杯的拍摄中，将水杯置于自然环境中或许也是不错的选择，通过自然光线的作用，真实地呈现水杯的外型和质感。以下是几点拍摄建议，让你拍出更好的照片。

（1）为了突出水杯光滑、洁净的外表，可以将水杯置于自然环境中，然后将水喷在水杯表面，形成水珠，拍摄水珠凝聚在表面的画面，凸显水杯的质感，如图9-5所示。

图9-5　水杯喷水拍摄效果

（2）将水杯置于自然光线下，水杯放在草坪上，让草坪和水杯直接接触，可以顺光和逆光拍摄，突出水杯的细节。可以借用反光板、柔光箱将水杯暗部打亮，更好地突出细节以及质感。水杯置于绿色草坪可以突出其绿色、健康的材质，可使消费者产生更强的购买欲望，如图9-6所示。

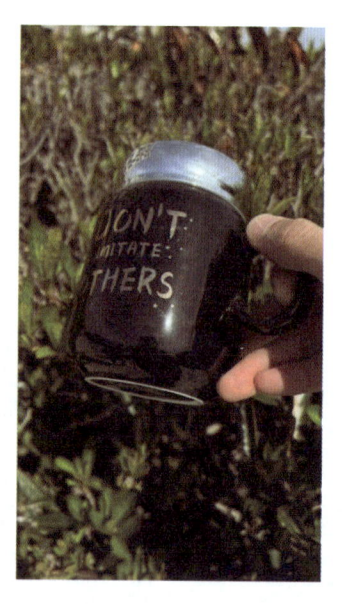

图 9-6　水杯置于草坪拍摄效果

发凡举例

模 特 摆 拍

本任务将拍摄一组水壶照片，拍摄时采用了模特室内拍摄中景、特写，中景拍摄要求展示水壶在人物手中的尺寸，以及在手中的整体形态，特写拍摄主要是展示水壶出水的细节、材质以及质感等。拍摄效果如图 9-7 所示。

图 9-7　室内不同景别拍摄效果

图9-7 室内不同景别拍摄效果（续）

博物洽闻

陶器的起源与发展

原始陶器起源较早，据"碳14"科技测定，其年代距今9 000~10 000年。到新石器时代早期，黄河流域和长江流域出现大量陶器，距今约有8 000年历史。新石器早期，黄河流域裴李岗文化、磁山文化、北辛文化、大地湾文化与长江流域河姆渡文化、大溪文化等距今7 000~8 000年，所制陶器，不论形制、器类、工艺与装饰都不一样，显然各自都是独立发生的。

制陶技术大致有泥条盘筑法、捏塑法与贴敷法等成型方法，器物种类少，器形简单，陶质疏松，很少装饰，多为红陶。新石器中期，黄河流域的仰韶文化、大汶口文化、马家窑文化与长江流域的屈家岭文化、马家浜文化、崧泽文化、青莲岗文化等，距今5 000~6 000年。陶器的发展速度较快，陶器表面不仅施有陶衣，而且植物纹、动物纹和人形纹装饰彩陶与人、动物形象捏塑大量出现，除红陶外，灰陶、黑陶、白陶也相继出现，特别是陶车轮制成型新工艺促进了制陶技术的发展。

新石器晚期，黄河流域的半山马厂文化、齐家文化、龙山文化与长江流域的良渚文化等，轮制成型技艺得到推广，陶器质量大幅提高，彩绘陶减少，出现镂空、刻画等装饰工艺。

特别是龙山文化黑陶杯形器，胎体薄如蛋壳、乌黑光亮，镂空与刻画装饰极为精致，代表了新石器时代制陶工艺的最高水平。新石器时代晚期的陶器，在中国的福建、广东、广西、贵州、云南，以及新疆、西藏和北方草原等许多地区都出土了，具有强烈的地方和民族文化特点。

资料来源：浅析陶瓷的起源与发展历程 https://baijiahao.baidu.com/s?id=1715755138849705556&wfr=spider&for=pc

任务 2　水杯商品图片与短视频优化

一、任务目标

收到拍摄的陶器水杯商品图片和视频的任务后，为了使商品图片和视频呈现的视觉效果更加美观、更具吸引力，还需要美工人员对其进行处理与优化，这样运用到店铺中才更加美观。

二、任务分析

美工人员将水杯商品图片和视频导入电脑中，分析商品图片的拍摄效果，并进行优化处理。本任务美工人员将分别进行商品图片处理、商品主图制作、商品海报制作、视频片头制作、视频剪辑、为视频添加背景音乐，以及为视频添加字幕等工作。

三、任务实施

1. 水杯商品图片处理

通过观察发现拍摄的水杯商品图片和模特摆拍商品图片都偏暗，为了让商品图片更美观，需要对商品图片进行处理，使其恢复真实效果，具体操作步骤如下。

步骤 1　启动 Photoshop 2020，打开"水杯.jpg"素材文件（配套资源：项目 9 素材/图片处理素材/水杯.jpg），发现商品图片整体较暗淡，如图 9-8 所示。

步骤 2　选择【图像】/【调整】/【亮度/对比度】命令，打开【亮度/对比度】对话框，设置亮度为"22"，对比度"5"，单击"确定"按钮。查看调整后图片效果，可发现商品图片亮度增加了，调整后效果如图 9-9 所示。

水杯商品图片处理

图 9-8　图片颜色偏暗　　　　　　　图 9-9　调整亮度后的效果图

步骤 3　打开"水杯 2.jpg"素材文件（配套资源：项目 5 素材/图片处理素材/水杯 2.jpg），可以发现模特皮肤颜色偏暗，如图 9-10 所示。

项目 9　小家居用品商品信息采编与优化

图 9-10　模特面部偏暗图片

水杯商品
图片处理

步骤 4　选择【图像】/【调整】/【亮度/对比度】命令，打开【亮度/对比度】对话框，设置亮度为"20"，对比度为"8"，单击"确定"按钮，如图 9-11 所示。查看调整后的图片效果，可以发现，商品图片变亮了，效果如图 9-12 所示。

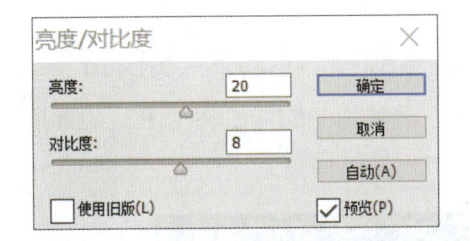

图 9-11　亮度/对比度调整界面

图 9-12　调整后效果图

步骤 5　按下【Ctrl++】组合键将要处理的图片放大，借助 调整模特手部至合适位置。在左侧工具箱中选择减淡工具 ，属性栏中调整画笔大小和硬度，如图 9-13 所示，涂抹模特的杯子的正面、侧面等部位，提升其表面亮度，保存图像文件，效果如图 9-14 所示。

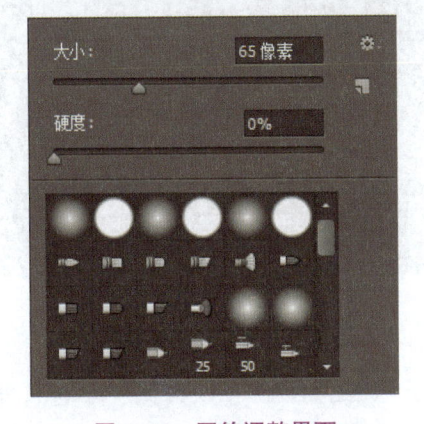

图 9-13　画笔调整界面

· 233 ·

步骤6　打开其他模特素材（配套资源：项目9素材/图片处理素材/水杯3.jpg），使用相同的方法提升其他类似商品图片的整体亮度，待处理完成后储存文件，以完成案例的制作，效果如图9-14所示。

图9-14　水杯3整体亮度修正后的效果

2. 陶器水杯商品海报制作

商品主图是用来宣传商品最好的方式，所以应该设计特点更加突出、简单明了。给消费者的第一印象很重要。其宣传力度及效果，直接决定了商品的成交量。下面利用处理后的汉服图片制作商品主图，具体操作步骤如下。

陶器水杯商品海报制作

步骤1　选择【文件】/【新建】命令，打开【新建】对话框，新建宽度和高度都为"800像素"，分辨率为"72像素/英寸"，名称为"陶器水杯主图"的背景文件，单击"确定"按钮，操作界面如9-15所示。

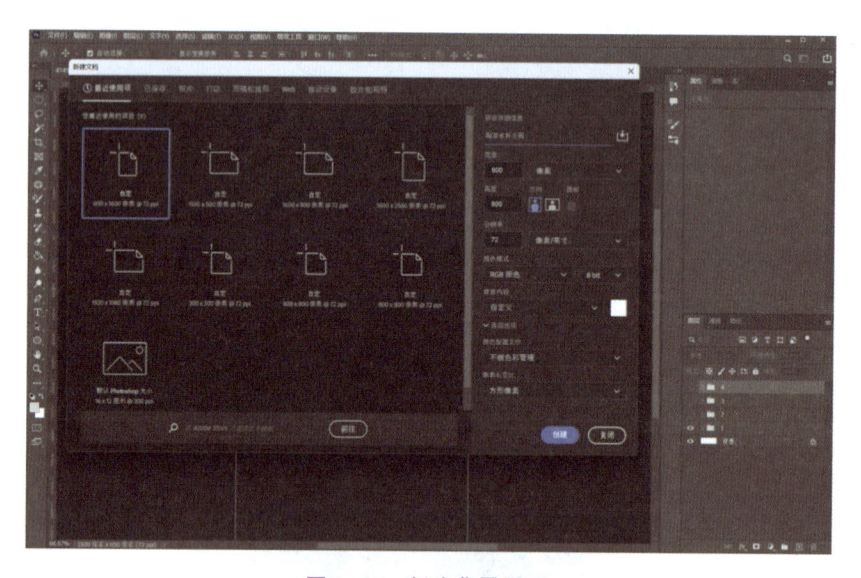

图9-15　新建背景界面

步骤2　打开"黑色杯子"（配套资源：项目9素材/主图素材/黑色水杯.jpg），新建图层，单击快速选择，在工具框选出黑色水杯，将黑色水杯抠选出来（图9-16）。

·234·

项目9　小家居用品商品信息采编与优化

图 9-16　抠选水杯

步骤3　打开"背景.jeg",将刚才扣除的黑色水杯,置于画面中,选择合适的位置,并调节大小,如图 9-17 所示。

图 9-17　图层整合后效果图

步骤4　在画面合适位置,输入介绍黑色水杯的关键信息,"TOUCH TEMPRERA-TURE"字体选择华文琥珀,"健康材质"字体选择华文行楷,"精选陶瓷 无毒无害"字体选择华文行楷,并调节文字的大小。选择矩形工具,在图片中框选出合适大小,并赋予其纯色背景,填充颜色#f1ece6 增强其立体感,如图 9-18 所示。

· 235 ·

图9-18　文字颜色设置界面

3. 水杯商品主图制作

商品海报是商品介绍中不可缺少的一部分，也是宣传重点。下面将制作黑色水杯促销海报，具体操作步骤如下。

步骤1　新建画布800像素×800像素，将抠选好的黑色水杯照片拖入画布中，置于画布右下方，如图9-19所示。

图9-19　黑色水杯海报制作

步骤2　左侧工具栏中选择矩形工具，在画布左上角框选出矩形，尺寸如图9-20所示。

输入文本"TOUCH TEMPRERATURE"，字体华文琥珀、字体大小48号。"健康材质"字体华文行楷。"精选陶瓷 无毒无害"字体华文琥珀，颜色#4a3b33，整体效果如图9-21~图9-24所示。

项目 9　小家居用品商品信息采编与优化

图 9-20　整体效果 1

图 9-21　整体效果 2

图 9-22　整体效果 3

图 9-23　整体效果 4

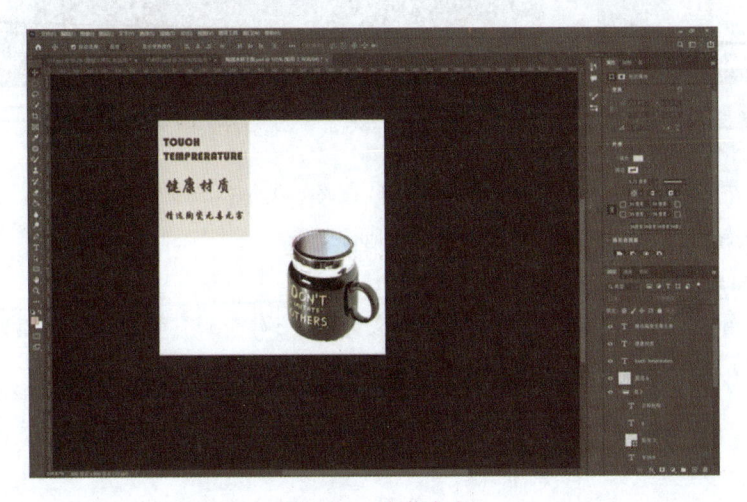

图 9-24　字幕大小

商品信息采编

步骤3 利用矩形工具，在画布右下角创建一个矩形，改变其外观，如图9-25所示。调整矩形外观，如图9-26所示。

图9-25 新建矩形大小　　　　图9-26 调整矩形

步骤4 在图层选项下选择混合选项中的【渐变叠加】按钮，如图9-27所示。

步骤5 单击混合选项中的【渐变叠加】按钮并找到【粉色渐变】选项，单击其改变颜色，如图9-28所示。

图9-27 选择"渐变叠加"　　　　图9-28 改变颜色

步骤6 在图层样式中找到【渐变叠加】选项，单击"渐变编辑器"，找到粉色，单击"确定"按钮，改变其颜色，如图9-29所示。

最后效果如图9-30所示。

步骤7 输入文字"优惠促销"字体华文行楷，37号，"￥19.9"字体方正粗黑宋简体，字符37号，完整的主图便制作完成，如图9-31所示。

图 9-29 渐变编辑器

图 9-30 最后效果

图 9-31 输入文字

4. 水杯视频片头制作

片头是放在视频开始几秒的位置，是视频最开始播放的内容，是整个视频的标题。片头可以起到对商品主体的宣传作用。本任务将在剪映软件中选择添加文字模版，然后更换模版中的文字，并进行适当的调整，在其中添加品牌名称与标签，设置模板特效，具体操作步骤如下。

水杯视频片头制作

步骤 1　打开剪映软件后，单击【+开始创作】/【文字模板】菜单，选择并下载模板，单击"+"，将文字模板添加到轨道位于拟处理视频前端，设置时长为 5 秒，操作界面如图 9-32 所示。

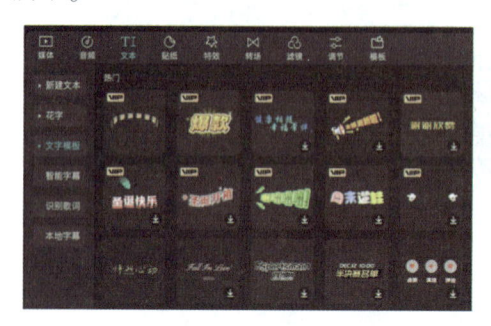

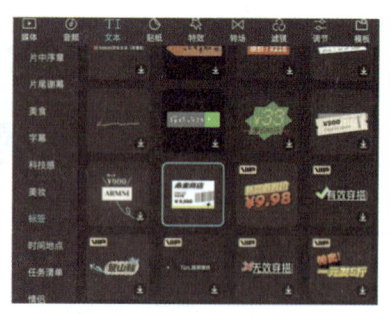

图 9-32　插入文字模板

步骤 2　单击选中轨道中的文字模板，观看播放区，将文字模板画面拉大，使其充满整个屏幕，如图 9-33 所示。

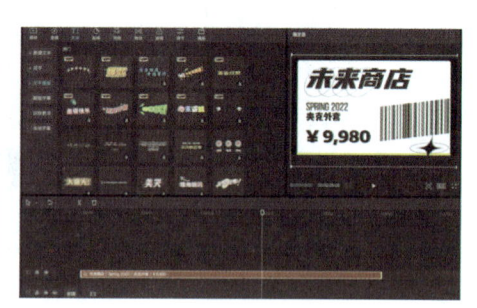

图 9-33　调整文字模板大小

步骤 3　在播放区右侧，更改模板文字（图 9-34）。

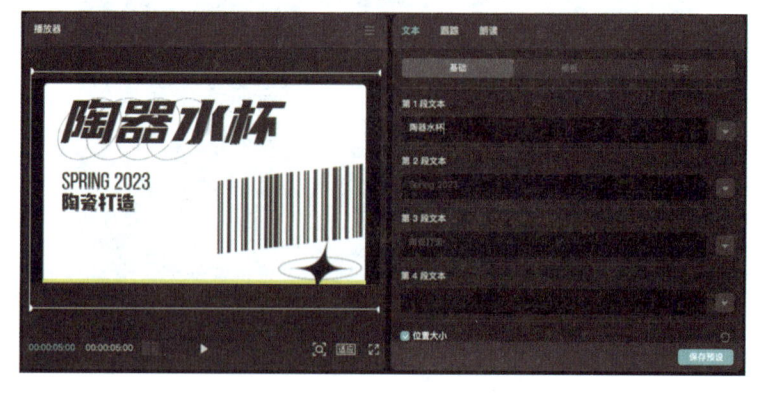

图 9-34　更改模板文字

步骤4　单击播放区按钮▶预览片头效果，如图9-35所示（配套素材：任务5素材/效果/主图视频.MP4）。

图9-35　视频效果

5. 水杯视频剪辑

前期拍摄的视频需要后期进行修改和完善。在前期，我们采取的是竖屏拍摄，把视频导入软件后发现，视频出现横向，所以要进行适当的调整。多余的画面需要将开头和结尾去掉，保存所需要的画面即可。删除多余的视频音频等具体操作步骤如下。

步骤1　单击剪映工具栏【媒体】/【本地】/【导入】菜单，选择"1.MOV""2.MOV""3.MOV"选项（配套资源：项目9素材/视频素材/1.MOV，2.MOV，3.MOV），单击并打开，将其导入剪映材料区，长按鼠标左键，将其拖入视频轨道区，如图9-36所示。

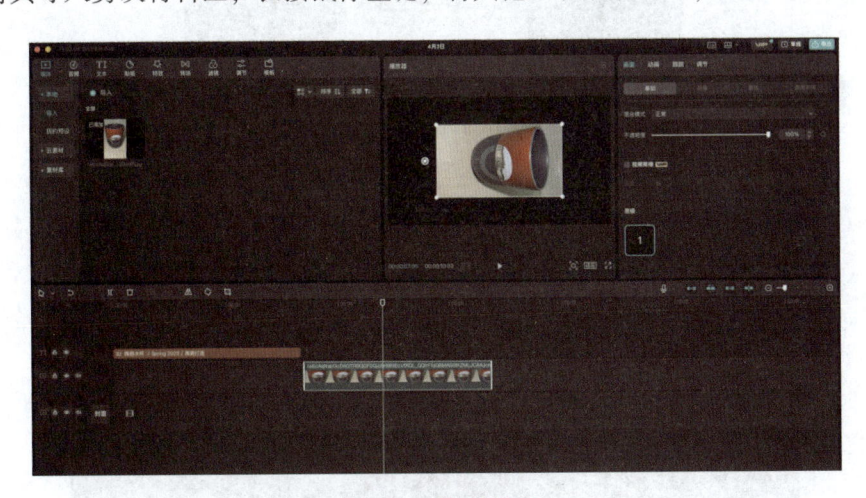

图9-36　视频效果

步骤2　单击播放器下方【比例】按钮选择9∶16（抖音）模式，旋转90°依次将视频图像调正，如图9-37所示。调整后的比例效果如图9-38所示。

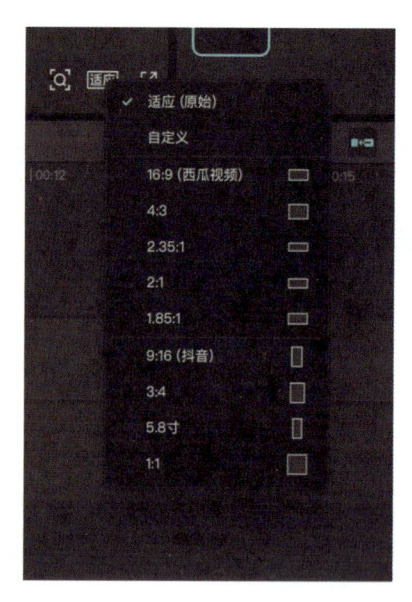

图 9-37 调整比例

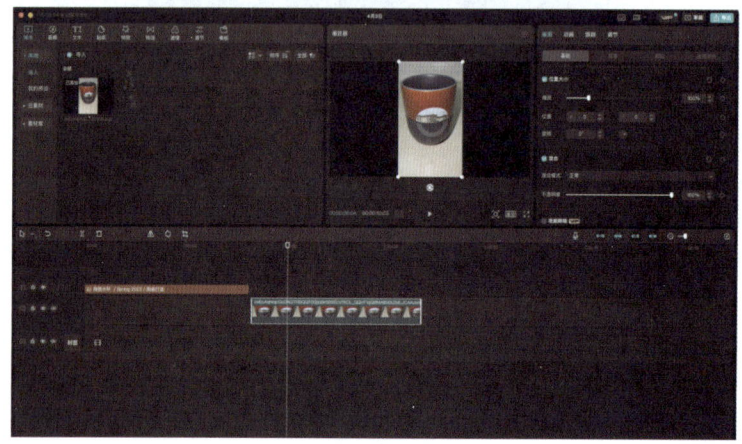

图 9-38 调整比例后效果

步骤3　拖动时间线滑块，查看视频，单击工具栏分割按钮 ⅠⅠ，将不满意的视频切割，单击并选中需删除的视频段，按 Delete 键将其删除，完成剪辑，如图 9-39 所示。

图 9-39　调整视频

步骤4　使用相同的方法继续添加其他视频到文件中，剪辑视频并消除视频原声，要求总时长为 20 秒，如图 9-40 所示。

图 9-40　关闭原声

6. 为视频添加背景音乐

音乐可以更好地渲染感情，以及烘托氛围，对产品的宣传也是有很好的作用。所以我们会在视频中添加音乐来达到更好的宣传效果。具体操作步骤如下。

步骤1　选择【音频】/【音乐素材】材料栏搜索"轻音乐"选择并下载合适的音乐，单击"+"将所选音乐加入轨道栏，选中并左右滑动调整音乐长度，与视频长短相匹配，如图 9-41 所示。

图 9-41　导入音乐素材

· 243 ·

步骤 2　选中音乐轨道，单击右侧工具栏【基础】设置淡入淡出时长 1.6 秒，调节音量大小，如图 9-42 所示。

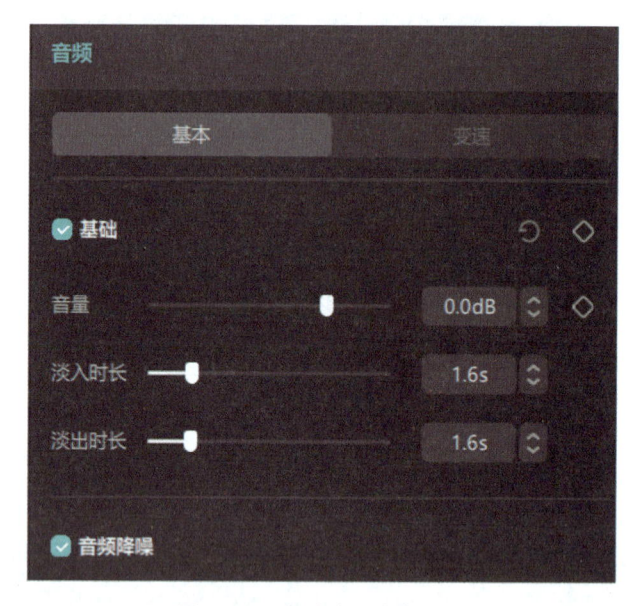

图 9-42　音乐淡入淡出设置

步骤 3　单击上方工具栏【转场】，选择"震动"转场模式为两段不同视频进行衔接。如图 9-43 所示。

图 9-43　设置转场

步骤 4　单击软件界面右上角的播放器窗口，单击"播放"按钮可试听音频效果，单

击 ■ 查看视频整体效果，如图9-44所示。

7. 为水杯视频添加字幕

商家在主图视频中添加字幕可以帮助提升网店的专业度并增加流量。本任务将为主图视频添加字幕，具体操作步骤如下。

步骤1　将时间线置于需要添加字幕的视频处，单击【文本】/【新建文本】/【默认】，单击材料栏"默认文本"，单击"+"将文本材料加至轨道，如图9-45所示。

图9-44　查看视频效果

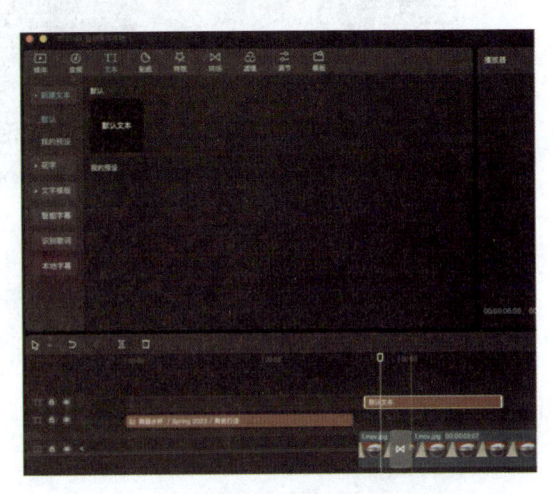

图9-45　添加文本

步骤2　单击并选择主轨道文本项，将时间线置于拟插入文字的视频处，选择右侧文本基础工具栏关键帧，确定插入文字视频起始处。拖动时间线至插入文字的视频终端，选择关键帧，确定插入文字的范围，如图9-46所示。

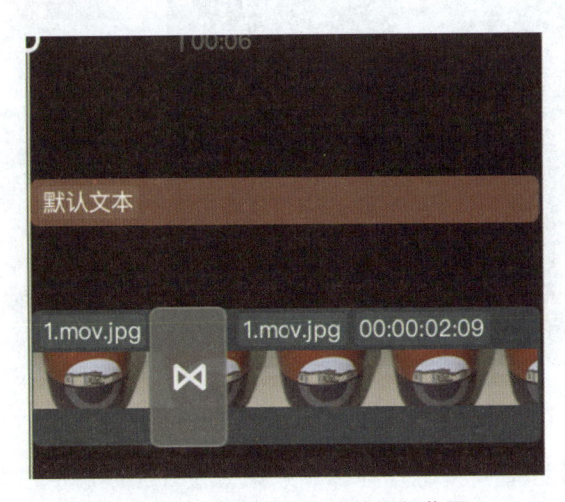

图9-46　确定植入字幕的视频范围

步骤3　单击选择文本项轨道，在右侧工具栏输入文字"陶器"，字体"古典体"，字号为15，颜色为"f50707"，对齐方式为 ■，调整字体至图片中的合适位置，如图9-47所示。

· 245 ·

图 9-47　设置文字格式

步骤4　单击工具栏中的【贴纸】，在材料栏搜索"古印"，选择并添加到主轨道，设置关键帧调整视频范围，调整在图中的位置，如图 9-48 所示。

步骤5　在贴纸上方添加文本文字"水杯"，设定关键帧使其与贴纸及"陶器"应用视频范围一致，字体为"悠然体"，字号"42"，颜色"060505"，对齐方式为▦，调整位置，效果如图 9-49 所示。

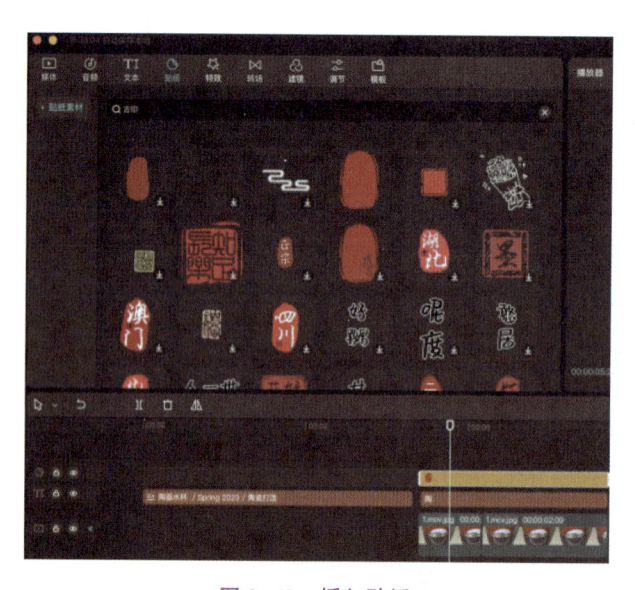

图 9-48　插入贴纸　　　　　图 9-49　贴纸上方植入文字

步骤6　单击播放区播放按钮查看视频效果，检查无误后单击右上端的"导出"按钮，打开"导出设置"对话框，设置参数如图 9-50 所示，再单击下方"导出"按钮。

步骤7　导出成功后，可根据需要将视频直接通过剪映发布在"抖音""西瓜视频"等社交平台上，如图 9-51 所示。

项目 9　小家居用品商品信息采编与优化

图 9-50　视频导出界面

图 9-51　视频发布

发凡举例

水杯视频制作

某家日用品商店打算上架一款玻璃水杯，请你利用提供的素材（配套资源：项目 9 素材/5-2 案例素材/水杯视频 1、2、3、4、5.MOV）运用剪映软件制作一个主图视频，要求经过剪辑后添加音乐，画面与音乐协调一致，展现水杯的外型、材质的视频效果如图 9-52 所示（配套资源：项目 9 素材/效果/水杯.MOV）。

图 9-52　视频效果

任务 3　杯具商品详情页设计

一、任务目标

商品详情页作为每个商品展示的重点，其好坏直接决定商品的成交量。设计师还要对

· 247 ·

水杯商品的详情页进行设计，要求制作的水杯商品详情页要具有吸引力，能够引导消费者购买。

二、任务分析

在进行水杯商品详情页的设计时，设计师需要根据收集的水杯信息，对水杯商品详情页需要展示的信息进行规划，然后划分模块进行设计与制作。设计师将对水杯商品详情页的卖点展示部分、材质优势部分、细节展示部分、商品展示部分分别进行制作，制作后的参考效果如图9-53所示。

图 9-53　详情页效果图

三、任务实施

1. 制作卖点展示部分

1）制作主图展示部分

在商品详情页中，卖点展示部分是吸引消费者有向下浏览的重要因素。接下来将通过对水杯的卖点设计，对该水杯的材质、细节、做工等卖点进行展现，进而达到吸引消费者，加强购买意愿的目的，具体操作步骤如下。

步骤1　选择【文件】【新建】命令，打开"新建"对话框，设置名称为"水杯详情页"，宽度为"800 像素"，高度为"1 600 像素"，分辨率为"72 像素/英寸"，背景内容为白色，单击"确定"按钮，如图9-54所示。

步骤2　选择【文件】【打开】命令，打开"素材1"（配套资源：项目9素材/详情页素材/素材1.jpg），单击【移动工具】按住鼠标拖进刚刚新建的"水杯详情页"中，调整至合适大小和位置，并截图，将图层命名为"水杯"，如图9-55所示。

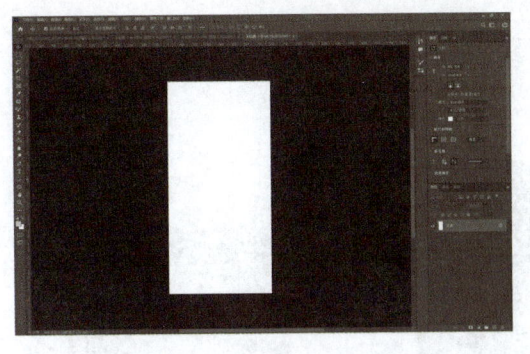

项目9　小家居用品商品信息采编与优化

图9-54　新建详情页背景　　　　　　　图9-55　新建详情页背景

步骤3　【新建图层】，选择T横排文字工具，在详情页上端输入文字"简单生活"，字体"华文行楷"字号"49点"，文字下端输入英文"The simple life"，字体"华文行楷"，字号"36点"，颜色"#adadad"，将文字置于画布居中位置，按Enter键保存，如图9-56所示。

步骤4　将水杯图片调整至画布最下端，继续输入文字"低调奢华"、字号"30点"输入文字"休闲之余喝上一杯茶 带给您舒适每一天"，字号"30点"，字体"悠然小楷（Slideyouran）"，字体颜色"#adadad"，按Ctrl+T组合键调整至合适位置，效果如图9-57所示。

图9-56　效果图1　　　　　　　图9-57　效果图2

步骤5　选择【文件】/【新建】命令，打开【新建】对话框，设置名称为"水杯详情页2"，宽度为"800像素"，高度为"1 600像素"，分辨率为"72像素/英寸"，背景内

·249·

容为白色，单击"确定"按钮，如图9-58所示。

步骤6 将水杯详情页置于画布靠右侧位置，缩小水杯详情页大小，选择椭圆选框工具选择画面，将其调整至合适位置，效果如图9-59所示。

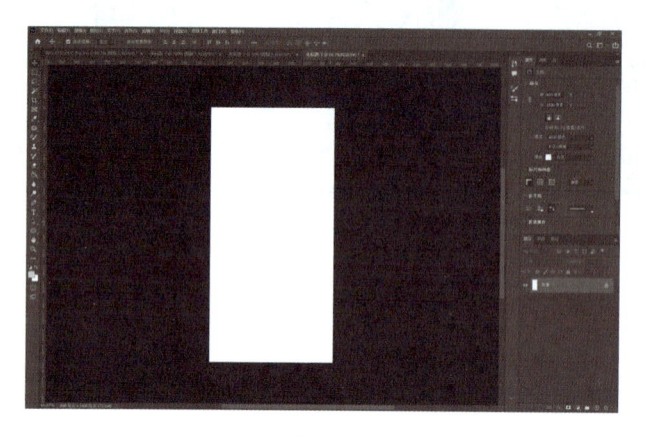

图9-58

图9-59 制作细节图

2. 制作产品信息部分图

在制作产品信息部分中，需要详细的展现出产品的材质、规格、颜色等详细数据，让消费者对商品更具体的了解，具体操作步骤如下。

步骤1 在水杯详情页图片上继续编辑，在左侧分别输入介绍性文字"高温烧制、瓷质细腻、时尚健康、经典亚光"文字，字体"华文行楷"字号"36点"，颜色"#adadad"，将文字置于画布左侧合适位置，单击Enter键保存。如图9-60所示。

图9-60 添加文字后的效果

制作商品信息部分

步骤2 在水杯详情页图片上继续编辑，在水杯左侧文字"高温烧制"下方输入"高温烧制，做工精致、造型细腻圆润、简约时尚易清洗"，字体为"华文行楷"字号为"30点"，颜色"#adadad"，将文字置于合适位置，单击Enter键保存。在水杯左侧文字"瓷质细腻"下方，输入"杯口舒适圆润，舒适的饮用感受令人陶醉"，字体"华文行楷"字号"30号"，颜色

制作商品信息部分

·250·

"#adadad",将文字置于合适位置,单击 Enter 键保存。在水杯左侧文字"时尚健康"下方,输入"手绘古建筑,美观文艺、健康环保,请放心使用。"字体"华文行楷"字号"30 号",颜色"#adadad",将文字置于合适位置,单击 Enter 键保存。在水杯左侧文字"经典亚光"下方,输入"简单的格调,经典亚光,没有庸俗烦琐,回归本色"字体"华文行楷"字号"30 号",颜色"#adadad",将文字置于合适位置,单击 Enter 键保存,如图 9-61 所示。

图 9-61　效果图

博物洽闻

中国古代瓷器制作工艺

制瓷工艺是在制陶工艺的基础上发明的。瓷器与陶器的烧制过程非常相似。但瓷器与陶器却有着本质的区别。瓷器的坯料是高岭土(也称瓷土)、正长石和石英混合而成的,胎表还要施层有玻璃质的釉,然后在 1 200 ℃左右的高温下焙烧,成品质地坚硬、吸水率极低、敲击能发出清脆的金属声。陶器的坯料一般是黏土,胎表多不施釉或施有低温釉,焙烧的温度为 700~800 ℃,少数陶器可达到 1 000 ℃。陶器的质地不如瓷器坚硬,吸水性比较强,敲击时发出的声音不清脆。

固本培元

一、单选题

1. 下列(　　)格式不支持无损失压缩。

A. PNG　　　　　B. JPEG　　　　　C. Photoshop　　　　　D. GIF

2. 按(　　)组合键可以退出 Photoshop 程序。

A. ALT+F4　　　　B. Ctrl+L　　　　C. Ctrl+T　　　　D. Ctrl+Shift+L

3. 按（　　）键可以将编辑的文件回到打开时或上次存储时的状态。

A. F1　　　　　　B. F4　　　　　　C. F　　　　　　D. F&

4. 将一个图像文件存储为（　　）格式。可以讲图像文件中的图层、注释等信息保留。

A. JPEG　　　　　B. TIF　　　　　C. PNG　　　　　D. GIF

5. （　　）是 Photoshop 默认的图像储存格式，可以包含图层、通道和模式，还可以保存具有调节层、文本层的图像。

A. psd　　　　　　B. EPS　　　　　C. JPEG　　　　　D. PDF

二、多选题

1. 水杯卖点包括（　　）。

A. 容量设计：圆润饱满，容量大　　　B. 外观设计：精美图案，手感光滑

C. 材质：黏土烧制，更加环保　　　　D. 以上内容都不对

2. 以下哪项不是提炼和挖掘图形意义的手段（　　）。

A. 数据分析　　　B. 象征比拟　　　C. 调查问卷　　　D. 案例分析

3. 下面哪个选项不是 JPEG 格式支持的（　　）。

A. CMYK　　　　　B. RGB　　　　　C. 饱和度　　　　D. 透明度

4. 在用户界面设计中，对比主要有大小、（　　）和色彩。

A. 黑白　　　　　B. 粗细　　　　　C. 简繁　　　　　D. 难易

5. 色彩混合不包括（　　）。

A. 变化混合　　　B. 多色混合　　　C. 颜料混合　　　D. 中性混合

三、判断题

1. Photoshop 中的图像是索引颜色（Indexcolor）文件中可以图层调板的最下面"创建新图层"的按钮增加一个图层。（　　）

2. Photoshop 中背景层不可以执行滤镜效果。（　　）

3. Photoshop 中使一个图层成为另一个图层的蒙版情况下．可利用图层和图层之间的"编组"创建特殊效果。（　　）

4. Photoshop 中关闭层可将此层隐藏。（　　）

5. Photoshop 中双击图层调板中的背景层，并在弹出的对话框中输入图层名称．可把背景层转换为普通的图像图层。（　　）

四、问答题

1. 如何新建一个画布？

2. 如何在画布上添加文字？应如何更改文字属性？怎样进行具体操作？

3. 如何对选取图像进行剪切、复制和粘贴操作？

笃行致远

一、实训目标

能够根据给定材料，为其设计并制作商品详情页。

二、实训背景

公司到了一批水杯，想要拍摄一些关于商品的信息图来做宣传。公司负责人将此任务

交给了小张，要求在三天内交稿（配套资源：项目 9 素材/技能训练素材 .jpg）。

三、实训要求

要求突出水杯商品促销宣传内容、突出卖点、展示图案细节和整体感观效果。

四、实训步骤

（1）制作宣传模块：设置促销区域，添加促销文本

（2）制作产品信息模块：使用作图工具绘制圆角矩形图形和直线形状，能够添加产品信息文本内容。

（3）制作细节赏析部分：错落排序细节图、添加细节说明文字、突出卖点

（4）制作商品图片展示部分：添加文本、调整图片大小

五、实训成果

完成一幅原创的关于水杯的信息完整、卖点突出的水杯商品详情页。

参 考 文 献

［1］熊俐，周虹. 商品信息采编：微课版［M］. 北京：人民邮电出版社，2023.
［2］周涛，齐丹. 商品信息采编：全彩微课版［M］. 北京：人民邮电出版社，2023.
［3］沈琴. 电商专业《商品信息采编》课程思政与专业教学融合路径研究［J］. 才智，2023（06）：33-36.
［4］聂丽萍. 基于以打造"金课"为标准的教学改革探索——以电子商务专业商品信息采编课程为例［J］.《中文科技期刊数据库（文摘版）教育》，2023（10）：0134-0136.
［5］文求实. 商品信息采编［M］. 镇江：江苏大学出版社，2022.
［6］龚琳玲. 商品信息采编［M］. 北京：化学工业出版社，2021.
［7］朱志强，鲍志林，付霞. 商品信息采集与编辑：微课版［M］. 武汉：华中科技大学出版社，2021.
［8］王曦. 商品信息采编［M］. 北京：清华大学出版社，2021.
［9］袁登华，高丽丹. 社交媒体中的准社会互动与营销效能研究［J］. 外国经济与管理，2020（07）：21-35.
［10］孟彧，鲍志林，张瀛. 商品信息采编［M］. 北京：人民邮电出版社，2020.